중국근현대사 5

Series CHUGOKU KINGENDAISHI, 6 vols.

Vol. 5, KAIHATSUSHUGI NO JIDAI E: 1972~2014

by Akio Takahara and Hiroko Maeda

Copyright © 2014 by Akio Takahara and Hiroko Maeda

First Published 2014 by Iwanami Shoten, Publishers, Tokyo.

This Korean language edition published 2015 by Samcheolli Publishing Co., Seoul.

by arrangement with the proprietor c/o Iwanami Shoten, Publishers, Tokyo

through BC Agency.

중국근현대사 5
개발주의 시대로, 1972-2014

지은이 다카하라 아키오 · 마에다 히로코

옮긴이 오무송

펴낸이 송병섭

디자인 김미영

펴낸곳 삼천리

등 록 제312-2008-121호

주 소 152-833 서울시 구로구 부일로 17길 74 2층

전 화 02) 711-1197

팩 스 02) 6008-0436

이메일 bssong45@hanmail.net

1판 1쇄 2015년 4월 24일

값 15,000원

ISBN 978-89-94898-32-2 04910

ISBN 978-89-94898-13-1(세트)

한국어판 ⓒ 오무송 2015

중국근현대사

5 개발주의 시대로
1972 – 2014

다카하라 아키오 · 마에다 히로코 지음

오무송 옮김

삼천리

머리말

향후 중국은 어디로 갈 것인가?

세계에서 두 번째 경제 대국인 중국은 오늘날 사회주의를 표방하는 몇 안 되는 나라 가운데 하나이기도 하다. 일당 지배 아래에서 시장경제가 발전하면 할수록 그 실체는 중국공산당이 외치는 이념과 괴리되어 간다. 지금 권력의 한가운데 있는 시진핑(習近平)을 비롯한 혁명 원로의 자녀들은, 현 체제의 '주인'으로서 공산당의 수호자로 자임하며, 정치적 통제 강화와 경제적 규제 완화를 동시에 진척시키려 하고 있다. 마치 왼발과 오른발이 서로 다른 방향으로 내디디려는 모습을 연상케 한다.

사회모순이 커져 갈수록 당원들과 국민들은 방황하고 서로 긴장 관계도 커져 간다. 서양에 반발해 온 지난날의 마오쩌둥을 떠올리면서 왼쪽으로 가야 하는가, 아니면 후발국으로서 근대 서양에서 생겨 발전한 개념이나 제도를 더 많이 수용하면서 오른쪽으로 갈 수밖에 없는가. 언젠가 한 방향으로 보조가 맞춰진다 해도 그 과정에 폭력이 동반되지 않는다고 그 누가 보증할 수 있을까?

향후 중국의 발전 방향이 그리게 될 궤적은 대외 관계에도 필연코 큰 영향을 미칠 것이다. 비록 감속의 징조가 보이기 시작했다지만, 다른 대국에 견주면 여전히 상당히 빠른 경제성장을 이어 가고 있다. 달 표면 탐사까지 실현한 과학기술의 진보는 국제적인 영향력의 증대에 공헌할 것이다. 급속한 국력 향상에 자신감을 가진 중국은, 다른 나라와 분쟁이 있는 영역에서는 이익 확보를 위해 기정사실로 만들려고 움직인다. 한편 피해자의식은 여전히 강하고, 미국과 일본의 봉쇄와 포위망 형성 또는 그렇게 보이는 움직임에 대해 민감하게 반응한다. 공산당은 구심력을 강화하기 위해 내셔널리즘에 더 한층 집착하고 있다.

다면적이며 복잡한 대국을 이웃으로 하는 아시아의 여러 나라는, 감정이 아니라 냉정하고 이성적으로 중국의 역동적인 실상을 파악하지 않으면 안 된다. 지금 일본의 서점 진열대에는 '중국을 혐오하는 책'(嫌中本)이 넘쳐나고 있다. 이런 현상을 우리는 어떻게 인식해야 할까? "외교 감각이 없는 민족은 필연적으로 조락한다." 요시다 시게루(吉田茂)가 《회상 10년》에서 소개한, 윌슨 대통령의 정치고문 하우스 대령의 이 잠언을 '다모클레스의 칼'처럼 늘 상기하지 않으면 안 된다.

중국의 행방을 전망하려면 중국의 과거를 되돌아볼 필요가 있다. 시리즈 중국근현대사 5권으로 기획된 이 책은 1972년부터 2014년까지를 대상으로 한다. 이런 시대 구분이 담고 있는 의미는 명확하다. 곧 이 책은 1978년의 제11기3중전회(제11기 중앙위원회 제3회 전체회의)가 시대의 분수령이었다는 오늘날 중국공산당의 정사(正史)와는 달리, 오히려 그 전후의 연속성에 착안하는 입장을 취했다. 권력투쟁 속의 선전이나 승자가 이야기하는 역사를 상대화하고 그 역사관에서 해방되어야만, 현대사에 대한 좀 더 정확한 이해가 가능해진다. 독자들이 이런 해방감을 조금이라도 느낀다면 지은이로서는 기대 이상으로 기쁠 것이다.

권력투쟁에서 승리한 자가 전하는 역사 이야기로부터 해방을 시도한다면, 곧 개혁개방이란 무엇이고 이 역사적 움직임을 어떻게 정의하는가 하는 문제에 봉착하게 된다. 지은이가 이해하기에, 개혁개방은 덩샤오핑(鄧小平)의 권위와 권력을 과시하는 정치적인 상징이었을 뿐이다. 그러하기에 공산당은, 사실상 화궈펑(華國鋒)의 정치적 지위가 유지되고, 농가별 생산책임제가 부정된 제11기3중전회를, 개혁개방의 시작이라는 역사적 의의의 부여와 해석에 집착하는 것이다. 이 책을 쓰면서 우리는 이념으로서 개혁개방을 가리킬 경우엔 '개혁개방'이라고 표기하고, 구체적인 정책을 가리킬 경우엔 '개혁·개방' 또는 '개혁개방 정책'이라고 표기했다.

한 가지 덧붙이자면, 이 책에서는 '영도'(領導)라는 중국어를 '지도'라고 번역하지 않고 그대로 표기했다. 중국어 '영도'와 '지도'는 중국 정치를 이해하는 데 아주 중요한 의미 차이가 있기 때문이다. 즉 갑이 을을 영도한다고 말하는 경우, 갑은 을에 대하여 지휘권과 명령권을 갖고 을은 갑에게 복종한다. 그러나 갑이 을을 지도할 경우는, 갑이 을에게 단순히 어떤 목적이나 방향으로 이끌어 가는 권한을 가질 뿐, 여기에는 명령-복종의 관계는 존재하지 않는다.

영도와 지도를 구별한 뒤 외국인이 현대 중국정치를 이해할 때 염두에 둬야 할 점은, 중국에서는 당이 국가를 영도한다는 사실이다. 구체적인 의미는 당이 국가의 정책과 인사를 실질적으로 결정하고 있다는 뜻이다. 현재 공산당 중앙정치국 상무위원인 서열 1위 시진핑이 국가주석을 맡고 있다. 당 서열 2위인 리커창(李克強)이 국무원 총리를, 서열 3위인 장더장(張德江)이 전국인민대표대회 상무위원장을 겸하고 있다. 이처럼 당과 국가는 인사에서도 역할에서도 상당히 일체화되어 있다. 하지만 어디까지나 당이 국가의 상위에 있다. 따라서 지방에서도 성이나 시당위원회 서기가 으뜸이며, 대개 성장(省長)이나 시장(市長)은 당위원회의 부서기에 지나지 않는다. 의사 결정에서도 마찬가지이다. 예를 들어 계획경제의 간판을 내리고 시장경제를 목표로 하는 등 중요한 정책 변경은,

먼저 당 규약에서 개정되고 그다음에 헌법 개정이라는 순서로 진행된다.

이상의 설명에서도 알 수 있듯이, 중국에서는 경제도 사회도 정치와 완전히 분리된 독립적인 영역으로 존재할 수 없다. 중국의 이런 특수한 사정에 비추어 이 책의 서술은 정치와, 그 연장선에 있는 외교 분야에 다소 치우친 감이 있다. 이 점에 대해선 독자들의 양해를 구한다. 특히 경제 발전을 원동력으로 해서 빠르게 큰 폭으로 변화하는 중국 사회가 정치에 어떤 영향을 미치고 있는지는 모두가 주목하는 문제이다. 이 문제의 답을 찾으려면 구체적인 사례를 바탕으로 치밀한 논증이 필요하다. 아쉽지만 이 과제는 다음 기회에 넘기기로 한다.

1권 청조와 근대세계, 19세기

2권 근대국가의 모색, 1894-1925

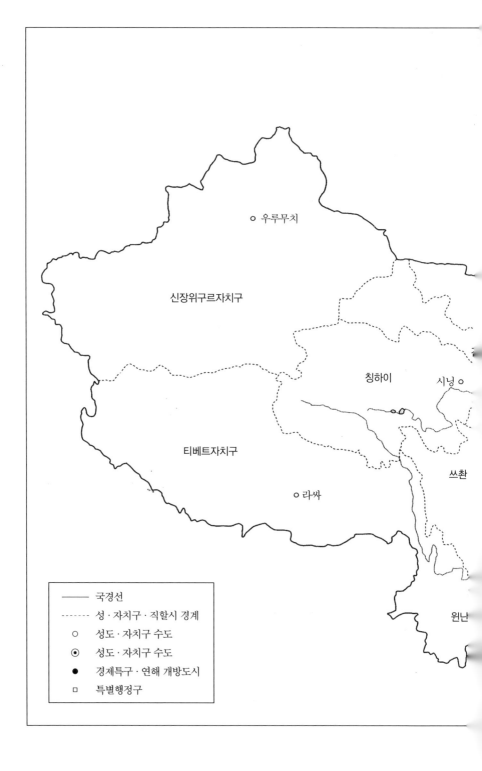

우루무치

신장위구르자치구

칭하이   시닝 ○

티베트자치구   쓰촨

○ 라싸

윈난

───── 국경선
------ 성·자치구·직할시 경계
○   성도·자치구 수도
◉   성도·자치구 수도
●   경제특구·연해 개방도시
□   특별행정구

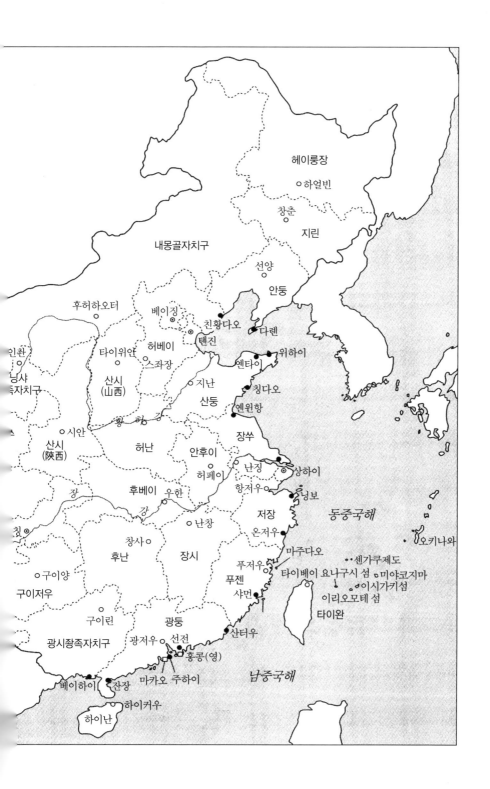

1장

혁명에서 발전으로

1972~1982

1. 급진주의와 개발주의

개혁개방의 시작 2008년, 중국에서 처음 개최되는 올림픽을 목전에 두고 사람들의 마음은 크게 부풀어 있었다. 중국 정부와 미디어는 그런 분위기를 북돋우고 애국심을 불어넣는 선전 활동을 벌이고 있었다. 그때 사용된 캐치프레이즈 가운데 하나가 "개혁개방 30주년"이다. 노래방에서 젊은이가 개혁개방 30주년을 찬양하는 노래를 열창하는 것을 들었을 때 놀라웠지만, 중국이 이룩한 경제 발전에 큰 긍지를 품고 있는 모습을 엿볼 수 있었다. 평소엔 정부의 슬로건에 냉담하던 민중들도 이 말은 거부감 없이 받아들이고 있는 것 같았다.

개혁개방의 발단은 일반적으로 1978년에 개최된 중국공산당 제11기 중앙위원회 제3회전체회의('제11기3중전회'로 줄임)라고 간주되고 있다. 그러나 이 설법이 과연 정확한 역사 인식인가? 역사를 공부하는 사람은 늘 통설(通說)이라고 불리는 설법을 늘 곱씹어 보아야 한다. 이 책은 개혁개방이 1978년에 시작되었다는 설법이 나중에 만들어진 스토리였으며, 사실에 부합되지 않는다는 입장을 취한다.

《인민일보》(人民日報)에 '개혁개방'이라는 단어가 처음 등장한 것은

1984년 5월 18일이었다. 이 신문의 기사 본문에 개혁개방이 사용된 것은 1984년에 겨우 2번이고, 1985년에 16번, 그리고 1986년엔 38번에 지나지 않는다. 《덩샤오핑 문선》(鄧小平文選)의 본문에 개혁개방이라는 단어가 처음 등장하는 대목이 1986년 3월 28일의 담화이다. 그 뒤 1987년에 이르러 《인민일보》에 등장하는 회수가 501번으로 비약적으로 증가하게 된다.

그런가 하면 1978년보다도 앞선 1972년에 이미 대외무역이나 플랜트 도입 움직임이 나타났다. 그 배경에는 경제성장이 저조하여 힘들어진 사람들의 경제생활을 개선해야 한다는 마오쩌둥을 비롯한 공산당 지도자들의 생각이 있었다. 문화대혁명(문혁)의 와중에도 마오쩌둥은 경제에 힘을 불어넣지 않으면 안 된다고 인식했다. 1971년에 임금을 일부 인상하고, 1972년에는 경제를 중시하는 그의 생각이 대규모 플랜트 도입 정책으로 표현되었다. 널리 알려진 바와 같이 마오쩌둥은 다면성을 가진 복잡한 인물이며, 정치를 무엇보다 중시하면서도 경제 발전의 필요성을 결코 잊지는 않았다.

1976년 9월 마오쩌둥이 타계하고 그다음 달 장칭(江靑), 장춘차오(張春橋), 야오원위안(姚文元), 왕훙원(王洪文) '4인방'이 체포됨으로써 중국 사회에 엄청난 재난을 불러온 문혁은 종말을 고했다. 1978년에 개최된 제11기3중전회는 현대 중국사에서 하나의 이정표가 되는 사건이었지만, 당시에는 문혁파의 사상적 영향도 아직 크게 남아 있었고 그 회의에서 개혁을 향해 키를 완전히 돌린 것은 아니었다. 문혁 중이었던 1970년대 초에 이미 훗날의 개방 정책에 연결되는 움직임은 시작되었고, 개발주의와 급진주의, 그리고 1970년대 말부터는 시장과 계획, 나아가 지방과 중앙이 일진일퇴를 거듭하면서 개혁·개방은 정착된다.

한편 1970년대 초반은 외교 부문에서도 큰 전기를 맞는 시기였다. 미중 접근이나 중일 국교 정상화가 이 무렵에 실현된다. 중국에서 나타난 이런 움직임의 주된 동기는 소련의 위협에 대항한다는 안보상의 이유였지만, 결과적으로 미국이나 일본과의 관계 개선은 향후 중국의 경제 발전에 플러스로 작동하게 된다.

경제를 중시한 마오쩌둥 1971년 늦여름, 창사(長沙)를 방문한 마오쩌둥은 동행한 부하들에게 주변을 시찰하면서 눈에 띄는 물건을 구입하도록 했다. 지방 시찰 때 그 지역의 경제 형편이나 사정을 살피게 하여 어떤 여론이 있는지를 파악하는 것이 마오쩌둥의 습관 가운데 하나였다.

부하 가운데 한 여성이 기뻐하며 돌아왔기에, 마오쩌둥이 무슨 일이냐고 물으니 그녀는 웃으면서 "긴 줄을 서서 테트론(Tetoron, 폴리에스테르) 바지를 사 왔습니다" 하고 대답했다. 테트론은 그 무렵 중국 사람들에게 인기가 대단했지만 구하기 힘든 옷감이었다. 그 말을 들은 마오쩌둥은 놀라워했고, 시찰에서 돌아온 후 저우언라이에게 "왜 (테트론을) 많이 생산할 수 없는가?" 하고 물으니 저우언라이는 "우리나라에는 아직 기술이 없어 생산할 수 없습니다" 하고 대답했다. "그렇다면 사 올 수는 없는가?" 하고 되물으니 저우언라이는 "물론 살 수 있습니다" 하고 대답했고, 마오쩌둥은 리셴녠(李先念)과 위추리(余秋里)를 불러 이 문제를 검토하고 실행하도록 지시했다.

이 일화는 〈화학섬유, 화학비료의 플랜트 기술 설비의 수입에 관한 보고〉(1972년 1월)의 초고를 집필한 천진화(陳錦華)가 리셴녠과 위추리한테서 직접 들은 이야기를 적은 것이다. 실제로 1972년 초에 국무원은 플랜트 기술과 설비의 도입을 결정했고, 마오쩌둥과 저우언라이의 지지를 받아 화학비료, 화학섬유를 비롯한 기계 설비 8항목에 관한 플랜트 수입이 재개된다. 그 이듬해인 1973년에는 총액 43억 달러의 플랜트 및 기계를 수입하는 안('43방안')이 결정되었다. 문혁이 한창이던 시기에, 이미 이러한 움직임이 있었다는 일은 그다지 주목받지 못했지만 무시할 수 없는 사실이다.

외교정책의 전환　　　　경제중시 정책과 시기를 같이하여, 외교 면에서도 중국은 큰 전환을 맞이한다. 1971년, 키신저 미국 대통령보좌관이 비밀리에 중국을 방문했고, 그해 10월에 중국은 유엔에서 대표권을 획득했다. 이듬해에는 닉슨 대통령의 중국을 방문했고 또한 일본과 국교정상화도 실현되었다. 중국의 이러한 외교정책 전환의 주된 동기는, 소련의 위협에 대항한다는 안보상의 전략적 의도에 입각했음이 틀림없다. 국내 경제정책과 외교의 대전환이 같은 시기에 일어난 것은 단순한 우연이었을지도 모른다. 하지만 1960년대 중반, 미소 양쪽 대국과 대립했던 과거가 문화대혁명의 간접적인 원인이 되었을 가능성도 함께 고려하면, 미국과의 관계 개선을 내다본 마오쩌둥의 마음속에 있던 무역이나 경제협력에 대한 기대가 플랜트 도입 등 결정을 지지했던 것이 아닐까 하는 추측도 가능하다.

　1949년 건국한 이래 중소 대립이 격화될 때까지 중국의 '주요한 적'은 미국이었다. 시기에 따라 대립의 정도에는 변화가 있었다. 예를 들어, 1950년대 중국이 평화공존 정책을 표방하면서 미국에 대해 어느 정도 융화적인 자세를 보인 적은 있었지만, 미국이라는 '제국주의'는 늘 적대시되었다. 한국전쟁(원문은 조선전쟁—옮긴이)과 베트남전쟁에서는 교전을 벌이기도 했고, 무엇보다도 미국은 '타이완 해방'을 가로막는 최대의 적이었다. 중국이 지원하고 있던 북베트남이 1968년에 미국과 평화회담에 나선 일도 중국한테는 충격이었다. 하지만 중국 처지에서 더 심각한 문제는 격화되는 소련과의 대립이었다.

복선(伏線)으로서의 중소 대립

중소 대립의 씨앗은 1950년대 후반부터 싹트지만, 당초 그 균열이 외부에서는 보이지 않았다. 두 나라의 대립은 점점 심각해져, 1959년에는 소련이 중국에 대한 군사 기술의 제공을 거부했고 1960년에는 두 나라 사이에 사회주의를 둘러싼 이데올로기 논쟁이 격화했다.

중소 두 나라의 대립은 그 뒤로도 계속되지만, 1960년대에는 관계 악화를 개선하려는 움직임도 있었다. 중국 국내에는 대소련 개선파와 대결파가 병존해, 1965년에는 린뱌오(林彪)·뤄루이칭(羅瑞卿) 사이에 논쟁이 벌어졌다. 논쟁의 쟁점은 미국의 위협에 대한 인식, 소련의 신뢰성 등이었는데, 린뱌오가 소련과의 대결을 끝까지 주장한 데 반해 뤄루이칭은 소련과 협력해야 한다고 주장했다.

1968년 8월 소련의 체코슬로바키아 침공을 계기로 국내에서는 소련 위협론이 급격히 커졌고, 1969년 3월에는 국경에 있는 전바오다오(珍寶島, 다만스키 섬)에서 두 나라 사이에 군사 충돌이 발생했다. 소련의 위협이 현실로 되어 가고 중소 간의 긴장이 높아지는 와중에 6월에는 신장웨이우얼자치구에서, 7월에는 아무르 강 바차다오(八岔島, 고르진스키 섬)에서, 8월에는 신장에서도 잇따라 무력 충돌이 발생했다. 이러한 상황에서, 중국은 '적' 중에서도 자국의 영토를 공격해 올 가능성이 더 적은 미국과 손잡으려는 생각을 하기 시작했다.

미국과 일본의 의도 한편, 미국의 닉슨 정권은 베트남전쟁과 대외무역 적자로 피폐해진 미국 경제를 재건하기 위해, 베트남전쟁에서 발을 뺄 궁리하고 있었다. 베트남에서 철수하기 위해서 미국은 철수 후의 지역 안정에 관해 중국과 상의할 필요가 있었다. 물론 냉전 중이었던 만큼, 여태껏 적대시해 온 공산 중국과 관계를 개선하거나 아시아 전략을 변경하는 데는 나라 안팎으로 여러 면에서 반대가 예상되었다. 닉슨의 중국 방문까지 교섭이나 준비는 키신저 보좌관과 극히 한정된 사람들이 철저한 비밀주의 원칙에 따라 진행했다.

극비리에 실현된 닉슨의 중국 방문이 일본 정부한테는 경천동지할 만한 사건이었다. 미국이 동맹국인 일본한테도 중미 관계 개선을 직전까지 숨기고 있었던 것은, 당시 사토 에이사쿠(佐藤榮作) 정권에는 큰 타격이었다. 사실상 일본 국내에서도 그 이전부터 대륙 중국과의 국교 회복을 바라는 목소리가 존재했고, 특히 중국과의 무역이나 투자를 통해 경제적 이익을 중시하는 재계나 친중파 정치가들은 대륙 중국과의 국교 정상화를 진척시키도록 정부에 강하게 요구하고 있었다. 또한 그 무렵 중국에 대한 일본 일반 민중의 감정도 대체로 호의적이었고, 과거의 전쟁에 대한 속죄감에 무언가 보상을 해야 한다고 생각하고 있는 사람이 정부와 민간에 모두 존재했다.

타이완 문제 일본이 중국과 국교 정상화를 진척시킬 때, 특히 문제가 된 것은 타이완 중화민국 정부와의 관계 처리였다. 중화민국과의 관계를 중시하는 친타이완파의 완강한 저항도 하나의 요소가 되었다. 대륙과의 정치적 접근은 좀처럼 진척되지 않았지만, 1970년대 초기 중화민국 정부가 아닌 중화인민공화국과 외교 관계를 수립하는 나라가 속출했던 것도 일본이 대륙 중국과의 관계를 다시 고려하는 데 도움이 되었다. 이런 배경에서 실현된 미중 접근과 중국의 유엔 가맹은, 일본을 중국과의 국교 정상화로 등을 밀어 주는 큰 동력으로 작용했다.

1972년 7월에 다나카 가쿠에이(田中角榮) 내각이 발족하고, 대륙 중국과의 접촉에 적극적인 오히라 마사요시(大平正芳)가 외무장관에 취임하면서, 중국과의 국교 정상화를 향한 움직임이 가속화되었다. 국교 정상화 협상에서 일본 측이 특히 염려했던 점은 미일안보체제에 대한 중국의 반대 문제, 전쟁배상 문제 그리고 타이완 문제였다. 그러나 다나카 정권이 발족한 직후에 중국을 방문하여 저우언라이와 면담한 공명당 다케이리 요시카쓰(竹入義勝) 위원장은, 중국은 미일안보조약에 반대하지 않고 배상 청구권을 포기한다는 저우언라이의 메시지(다케이리 메모)를 갖고 왔다. 이 단계에서 먼저 두 가지 장애가 제거되었던 것이다.

남겨진 타이완 문제는 1972년 9월에 다나카가 중국을 방문했을 때 중일 쌍방이 타협한 결과, ①일본은 중화인민공화국이 중국의 유일한 합법 정부임을 승인하고, ②일본은 타이완을 중화인민공화국의 불가분한 영토의 일부분이라고 하는 중국 정부의 입장을 이해하고 존중한다는 것으로 결착되었다. 즉, 타이완에 대한 중국의 주장은 이해하지만, 타이완이 중국령이라고 반드시 인정한 것은 아니라는 입장이다.

이 내용은 중일공동성명에 담겼고 오히라 외무장관은 타이완과의 일화평화조약(日華平和条約)은 "일중 관계 정상화의 결과로, 존속의 의의를 잃고 종료된 것으로 인정한다"고 표명했다. 다나카 내각은 타이완 정부의 반발이나 보복을 염려했지만, 일본·타이완 국교 단절에 관해 특사로 파견된 자민당 시이나에쓰 사부로(椎名悦三郎)의 노력도 성과를 보아, 타이완은 일본을 비판하면서도 "우리 정부는 여전히 (일본 측과) 우의를 변함없이 유지한다"고 표명하여 일본 측은 안심했다.

센카쿠 문제의 기원 그렇다면 다나카가 중국을 방문했을 때 센카쿠(尖閣, 댜오위다오) 문제는 어떻게 다루어졌을까? 중국이 센카쿠열도의 영유권을 주장하기 시작한 것은 1971년 12월이다. 1968년 센카쿠 주변에 해양 자원이 존재할 가능성을 제시한 유엔 아시아극동경제위원회(ECAFE)의 보고서가 공개되면서, 타이완이 1971년에 센카쿠에 대한 영유권 주장을 먼저 시작했고, 중국도 잇따라 주장을 시작했다. 저우언라이는 1972년 7월 다케이리와의 회담에서 "다케이리 선생도 관심이 없었지요. 나도 없었지만, 석유 문제로 역사학자가 이를 문제 삼아 …… 그런데 이 문제를 중히 여길 필요는 없습니다"라고 말했다. 9월에 중국을 방문한 다나카 총리한테서 "센카쿠열도에 대해 어떻게 생각하는가?"라고 질문을 받자, "이번에는 언급하고 싶지 않다. 지금 이 문제에 대해 언급하는 것은 좋지 않다"고 대답했다.

일본 외무성은 1972년 7월에, "우리 정부로서는 이 열도가 우리나라의 영토인 것은 논의 여지가 없는 사실이므로, 다른 나라 정부와도 이 열도의 영유권 문제를 놓고 상의할 생각은 없다는 입장"을 보이고 있었다. 중국 측은 일본 측도 영토 문제의 존재를 인정하면서 '보류'(다나아게 棚上げ)하는 데 동의했다고 주장하고 있지만, 단지 마찰을 피하고 싶다는 의도를 그렇게('보류로'—옮긴이) 해석하는 것은 무리가 있다. 또 당시 일본을 놓고 말하면, 배상 문제나 타이완 문제에 비해 센카쿠 문제는 중요한 문제로서 인식하지 않았다. 더군다나 이 문제가 약 40년 후에 중일 간에 심각한 위기를 불러오리라고 예견했던 일본의 정치가는 그 누구도 없었을 것이다.

문혁기 중국의 GDP와 경제성장률(전년 대비)

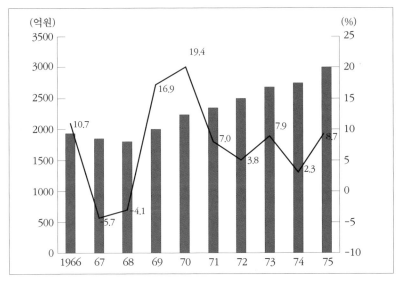

《중국통계연감》을 기초로 작성.

문혁기의 경제성장   문화대혁명이라고 하면, 중국의 전통이나 기존의 제도를 파괴하고 사회의 혼란을 초래했으며 또 '규탄'의 대상이 된 사람들과 그 가족들에게 비극을 만들었다는 데에 대해서는 서술이 많다. 하지만 문혁 중 경제는 어떤 상황이었는가에 대해서 언급되는 일은 많지 않다.

　문혁은 중국 경제를 파괴했다는 인상이 강하지만, 사실은 문혁기에도 중국의 경제는 성장하고 있었다. 이 시기에 노동인구는 증가했지만 임금은 거의 오르지 않았다. 즉, 소비를 억제하고 투자를 늘림으로써 확보한 경제성장률이었다. 사람들의 생활은 가난했고 투자의 효율도 나빴다. 과학기술이 경시되고 있었기 때문에 생산성도 오르지 않았다. 그럼에도 성장률이 높았던 원인은 아마 당시의 지방분권, 곧 지방정부에 대한 권한 위양(委讓) 정책에 있었을 것이다. 지방정부는 재정 수입을 늘리고 고용 기회를 창출하기 위해 지역경제를 활성화하고 투자에 적극적이었다. 앞서 살펴본 플랜트 도입에 관한 보고서를 작성한 천진화한테 도입이 예정된 프로젝트를 자기 관할 지방에 설치해 달라는 많은 지방 간부들의 청탁이 집중했다.

1966년부터 1975년까지 10년 동안 경제성장률은 높았다. 특히 혼란스런 1967~1968년은 마이너스 성장이었지만, 1969년 이후의 성장 폭은 무척 컸다. 이 점에 관해서는 통계가 잘못된 것 아닌가 하는 이야기도 있다. 물론 당시의 통계를 통해 정확함을 추구하는 것이 어려운 면도 있지만, 그 시기 전후의 경제 규모를 비교해 보면 그동안의 성장률 계산 결과는 크게 달라지지 않을 것이다.

'개혁'이란 무엇일까? 개혁개방에서 '개혁'이란 과연 무엇을 가리키는가를 생각할 때 자주 등장하는 설법이 중앙집권적인 계획경제 체제의 개혁이라는 설명이다. 중앙집권적 계획경제가 잘 돌아가지 않았기 때문에 개혁이 추진된 것이라고 하는 이야기이지만, 사실은 이 설법에 모순이 있다. 문혁기 마우쩌둥의 경제정책은 지방분권의 추진이었기 때문이다. 마우쩌둥은 문혁을 시작할 때 남쪽 지방을 돌고, 지방 간부들과 여러 차례 회의를 열어 중앙 통제주의적 정책을 비판하고 그것을 뒤엎으려 한 바 있다. 그런데 어째서 중앙집권적 계획경제의 폐해라는 설법이 제기되는 것일까?

말할 나위도 없이 문혁이 초래한 혼란은 경제 영역에도 파급되었다. 1967~1968년 2년 동안은 국민경제의 연간 계획조차 작성할 수 없었던 상황이었다. 저우언라이는 제3차 5개년계획의 마지막 해인 1970년 2~3

월에 개최한 전국계획회의에서, 그간 뒤떨어졌던 경제를 되돌려 세우기 위해 대대적인 공업 재편 방침을 설정하고 국무원 직속 기업과 사업 단위의 대부분을 지방의 관리에게 맡기기로 했다. 그러나 여러 기업이나 사업 단위의 관리를 갑자기 맡게 된 지방정부에 충분한 관리 능력이 갖추어져 있을 리 없었다. 저우언라이는 1973년에 개최한 전국계획공작회의에서, 중앙의 통제 강화나 기업 관리에서 권한과 책임을 명확히 하는 등 내용을 담은 '경제공작 10조'를 제안하여 1970년에 시작한 개혁의 조정에 박차를 가하려 했지만, 장춘차오(張春橋) 등 상하이 그룹의 반대로 실현하지 못했다.

저우언라이 비판과 덩샤오핑의 부활

1972~1973년에 플랜트 도입도 진행되고 경제 재건에 시동이 걸렸지만, 1973년 들어 마오쩌둥은 저우언라이에 대한 비판을 시작한다. 발언의 영향력이 커져 가는 저우언라이를 견제해야 한다는 생각도 있었겠지만, 불만의 원인은 그의 경제정책보다 외교정책에 있었다. 마오쩌둥이 저우언라이에 대해 비판을 강화하는 한편, 발전을 중시하는 덩샤오핑을 복귀시킨 점에서도 이면을 읽어 낼 수 있다.

1970년대는 미국과 소련 사이에 데탕트(detente)가 진전되었고, 1973년 6월에 두 나라는 핵전쟁방지협정에 조인했다. 같은 달 베이징의 미국 연락사무소로부터 미소 관계에 관해 보고받은 중국 외교부는, 그 개요를 보고서로 정리하고 저우언라이의 확인을 받은 뒤 마오쩌둥한테 보냈다. 마오쩌둥은 저우언라이가 수정한 모든 부분에 표시를 달고 그 내용을 비판했다. 불온한 낌새를 알아차린 저우언라이는 곧바로 더 엄격한 논조로 문장으로 수정했다.

그런가 하면 외교부가 내부 간행물인《새상황》(新狀況, 제153기)에 당시의 세계 정세에 관한 논평을 게재하자, 마오쩌둥은 그 내용에 대해서도 강하게 비판했다. 미국과 소련의 접근에 불만을 품고 있던 마오쩌둥은, 미국과 소련이 결탁하여 세계를 좌지우지하려 하고 있다는 논조에 대해서도 "현재 세계의 주요한 경향은 혁명이다"며 외교부를 관할하고 있는 저우언라이를 넌지시 비판했다. 저우언라이에 대한 마오쩌둥의 이런 비판은 비린비공(批林批孔, 린뱌오와 공자에 대한 비판—옮긴이) 운동에 연결되어 간다.

덩샤오핑이 부활한 요인　　한편 저우언라이 비판을 시작하고 얼마 안 지난 1973년 3월, 마오쩌둥의 제안으로 덩샤오핑은 정치의 세계에 복귀한다. 일반적으로 저우언라이의 병세가 악화되었기 때문에 마오쩌둥이 덩샤오핑을 등용했다고 알려졌지만, 실제로는 저우언라이의 영향력이 하락한 후의 일들을 책임지게 하기 위해서 귀환시켰을 것이다.

덩샤오핑은 1968년 제8기 12회중앙위원회에서 류사오치(劉少奇)와 함께 실각했다. 하지만 류사오치와는 달리 당적은 박탈되지 않았고, 1969년 10월부터 장시(江西) 성에서 유폐 생활을 보내고 있었다. 두 인물 모두 실권파였으나 류사오치가 철저하게 타도된 데 비해 덩샤오핑이 부활할 수 있었던 요인에는, 본인의 능력과 강인함도 있었겠지만 아래 마오쩌둥의 말 속에 힌트가 있다.

1972년 1월 천이(陳毅)의 추도회에서 마오쩌둥이 자신의 이름을 입에 올렸다고 들은 덩샤오핑은, 곧바로 자기를 비판하는 편지 두 통을 썼다. 마오쩌둥은 이에 대해, "덩샤오핑은 류사오치와는 다르다. (덩샤오핑은)

예전에 징강산(井崗山)에서 마오쩌탄(毛沢譚, 마오쩌둥의 동생)과 함께 마오쩌둥파로서 실각했으나, 역사 문제는 존재하지 않으며 류보청(劉伯承, 중화인민공화국 10대 원수의 한 사람)을 도와 전공을 올렸다"면서, 덩샤오핑을 비호하는 글을 남겼다. 이렇게 1973년 2월, 덩샤오핑은 장시 성에서 베이징으로 귀환하여 그다음 달 부총리에 복귀했다.

'4인방'의 선동　　실권파인 덩샤오핑이 복귀할 때, 다른 한편으로 1973년 8월에 열린 제10기1회중앙위원회의에서 왕훙원은 부주석 다섯 명 가운데 한 사람으로 선출되었다. 그리하여 장칭, 장춘차오, 야오원위안, 왕훙원으로 이루어진 '4인방'도 영향력을 되찾아 저우언라이에 대한 맹렬한 비판을 시작했다. 1974년 1월에는 장칭이 중심이되어 〈린뱌오와 공맹의 길〉을 발표하기에 이르렀다. 내용은 린뱌오나 공자·맹자를 이름을 찍어 가며 반혁명적이며 퇴행적이라고 비판하지만, 누가 봐도 '현대의 유생(儒者)'이자 '당내의 대유(大儒)'인 저우언라이를 비판의 과녁으로 겨누고 있다는 게 명확했다.

'4인방'의 선동에 의해 비린비공 운동은 군이나 당을 휩쓸며 커졌을 뿐 아니라 생산 활동에도 악영향을 미쳤다. 이 운동은 당 중앙에서부터 말단에까지 확대되었고, 생산 활동의 진척을 지연시켰을 뿐 아니라 제품의 품질 악화로도 이어졌다. 예컨대 '4인방'의 영향력이 강했던 상하이석유화공총공장에서는 '낡은 관례와 기본 건설의 공사 순서를 타파하고, 새로운 본보기를 수립한다'는 데만 열중해, 평소의 공정이나 점검을 소홀히 한 결과 품질관리에 문제가 생겼고 안전성마저 염려되는 사태가 발생했다.

정치 운동으로 혼란이 심각해지는 와중에 1974년 6월 국가계획위원회의 당 중앙정치국 보고에서 상반기의 공업 생산이 하강 추세라는 우려가 나오자, 마오쩌둥은 비판의 과녁을 '4인방'으로 옮겼다. 마오쩌둥의 행동에는 이처럼 특정한 개인이나 그룹의 영향력이 커지게 되면, 항상 그 힘을 꺾어 평형를 잡으려고 하는 경향이 보였다.

다시 제기된
'네 가지 현대화'

1974년 후반, 저우언라이가 병(암) 때문에 입원하자, 왕훙원이 당 중앙의 일을 맡았고 덩샤오핑은 제1부총리로서 국무원 일을 이어받았다. 1974년 12월, 마오쩌둥은 저우언라이와 왕훙원을 면담한 뒤 덩샤오핑을 당 부주석과 중앙군사위원회 부주석 겸 인민해방군 총참모장에 임명하도록 제안했다. 이 시점에서 덩샤오핑에 대한 마오쩌둥의 평가가 아주 높았다는 것을 알 수 있다.

1975년 1월에 개최된 제10기2회중앙위원회의에서 덩샤오핑은 당 부주석으로 선출되었다. 같은 달 10년 만에 개최된 제4기 전국인민대표대회(전인대) 제1회 회의에서 정치보고를 한 저우언라이는 공업, 농업, 국방 및 과학기술의 분야에서 근대화를 달성해야 한다는 '네 가지 현대화'를 다시 제기했다. 1964년에 저우언라이가 처음으로 '네 가지 현대화'를 제기하고서 10년도 더 흘러, 드디어 노 재상의 염원은 덩샤오핑의 손에 맡길 수 있게 되었다.

2. 끊이지 않은 이데올로기 투쟁

세 가지 지시 마오쩌둥 사상에는 개발주의적인 사고와 급진주의적인 사고가 병존했다. 마오쩌둥은 만년인 1974년 연말부터 1975년에 걸쳐 서로 대립되는 듯한 세 가지 지시를 내렸다. 그 지시를 서로 다른 정치 세력이 저마다 자신한테 편리한 형태로 유리한 부분만을 융통함에 따라 모순이 생기고 긴장 관계가 형성된다.

세 가지 지시 가운데 첫 번째는 부르주아의 여러 권리를 제한하는 프롤레타리아독재였다. 노동에 따른 분배라는 사회주의 분배 원칙을 부정하고, 화폐 교환이나 상품마저도 비판하는 상당히 급진적인 지시였다. 이 지시는 '4인방'에 이용당해 프롤레타리아독재 이론을 학습하는 운동을 추진하는 근거가 되었다.

두 번째는 안정과 단결에 관한 지시였는데, 이는 주로 '4인방'을 대상으로 한 비판이었다. 파벌적인 권력투쟁에 대한 충고이자 지도부는 단결하고 협력해야 한다는 내용이었다.

세 번째는 경제를 담당하는 부총리 리셴녠에게 내린 국민경제 수준을 끌어올리라는 지시였다. 이 지시에 따라 덩샤오핑을 요직인 당 부주석,

제1부총리, 총참모장에 앉히고, 병석에 있는 저우언라이를 대신하여 당 중앙의 일상 활동을 책임지는 자리에 서게 했다.

'정돈' 사업　　　복귀한 덩샤오핑의 주도 아래 문혁의 혼란으로부터 회복해 나가는 사업이 진척되었다. 덩샤오핑은 이 사업을 '정돈'이 라고 불렀다. 중단된 대학 입시의 재개, 생산 활동의 규율화, 철도 부문이 나 지방, 그리고 사상 분야에서 문혁적인 파벌 투쟁이 해결됨으로써 국 민경제의 발전이 강력하게 추진되었다. 또한 일련의 정책을 추진하기 위 해 덩샤오핑은 후야오방(胡耀邦)을 중국과학원 부원장, 완리(万里)를 철 도부장, 그리고 후차오무(胡喬木)와 덩리췬(鄧力群)을 국무원 정치연구 실의 책임자로 임명했다. 덩샤오핑의 심복이던 그들은 그 뒤로도 변함없 이 개혁개방을 짊어지는 멤버가 되었다. 하지만 뒷날 후차오무와 덩리췬 은 (개혁개방의—옮긴이) 반대 세력으로 변해 간다.

덩샤오핑은 중국을 근대적인 농업, 근대적인 공업, 근대적인 국방, 근 대적인 과학기술을 갖춘 사회주의 강국으로 건설한다는 목표를 내세우 고, 네 가지 목표 실현을 위해 새로운 기술과 설비를 도입하고 수출을 확 대해야 한다고 주장했다. 1975년에는 개혁개방을 앞서가기라도 하듯 대 담한 수정 정책이 그려졌다.

달팽이 사건　　　그러나 '4인방'을 비롯한 문혁 추진파들이 결코 이러한 움직임을 지켜보고만 있었던 것은 아니다. 예를 들면, 대 외무역 정책을 비판하는 입장에서 장칭이 일으킨 이른바 '달팽이 사건' (1973년)이 발생했다.

그 무렵 중국은 컬러텔레비전을 개발하려고 연구에 착수하고 있었지만 진척이 보이지 않았다. 그래서 국무원은 컬러 브라운관 생산 라인을 수입하기 위해서 미국에 조사 시찰단을 보냈다. 시찰단을 받아들인 미국의 코닝(Corning Inc.)은 자사가 생산 판매하는 유리 달팽이 수공예품을 시찰단 모두에게 선물로 주었다. 그런데 이 사실을 알게 된 장칭은 미국이 우리를 "달팽이처럼 발걸음이 느리다고 우리를 비웃고 모욕하고 있다"며 트집을 잡고, 컬러 브라운관을 해외에서 도입하려고 하는 국무원을 향해 "매국주의, 양놈(서양의 노예) 철학에 침범되어 있다"고 욕설을 퍼부었다.

저우언라이가 조사한 결과 달팽이는 미국에서 행복과 길상(吉祥)을 상징하는 것으로 문제가 되지 않는다고 했지만, 결국 이 소동의 영향으로 컬러 브라운관 생산 라인은 몇 년 늦게 도입되었다.

인민해방군에 대한 '정돈'　　예젠잉(葉劍英, 중앙군사위원회 부주석), 천이, 쉬샹첸(徐向前) 같은 이들의 저항에도 불구하고 문혁의 영향은 인민해방군에도 미쳤다. 교육 활동의 중지, 군사훈련 시간의 대폭 삭감 같은 현상이 심각했다. 린뱌오 사건 후 예젠잉, 덩샤오핑 등이 문혁의 결과를 바로잡는 조치에 착수했다. 1971년 9월에 문혁 추진파의 영향을 강하게 받고 있던 중앙군사위원회 반사조(弁事組)가 폐지되고, 예젠잉이 주도하는 중앙군사위원회 반공회의(弁公會議)가 성립되었다. 훈련이 중심이 된 군사 활동을 회복하고, 1973년 말에는 전국 41개 군 관련 학교가 다시 문을 열거나 새로 설립된 학교가 비준되었다.

이러한 움직임도 비린비공 운동이 시작됨에 따라 다시 정체되지만, 1975년 중앙군사위원회 부주석 겸 인민해방군 총참모장에 취임한 덩샤오핑은 군의 혼란 상황을 바로잡기 위해 규정 제도나 편성 체제의 확립,

규율이나 단결 회복을 위한 정치 사업의 강화, 무기와 장비의 개선 등을 추진했다.

덩샤오핑의 세 번째 실각 그러나 1975년 가을 이후, 마오쩌둥은 '정돈'을 추진하는 덩샤오핑을 불신하기 시작한다. 마오쩌둥은 "덩샤오핑은 문혁에 원한을 품고 있고, 세 가지 지시를 주축으로 한다면서 실제로는 국민경제에만 집착하고 있다며, 세 가지 지시가 주축이라는 말 자체는 처음부터 잘못되었고 계급투쟁만이 주축이다"라고 말하며 덩샤오핑을 비판했다.

덩샤오핑을 부추겼던 마오쩌둥이 왜 스스로 태도를 바꾸었을까? 그 첫 번째 원인은 덩샤오핑이 주도하는 '정돈' 사업이 너무나 갑작스러웠기에, 마오쩌둥의 눈에는 덩샤오핑이 문혁을 부정하고 있는 것처럼 비쳤다. 두 번째는, '4인방'과 관계가 가까운 마오위안신(毛遠新, 마오쩌둥의 조카)이 마오쩌둥에게 덩샤오핑에 대한 험담을 늘어놓았다. 그는 왕하이룽(王海容)이나 탕원성(唐聞生)을 대신하여 새롭게 마오쩌둥의 연락 담당을 맡고 있었다(마우쩌둥이 타계한 뒤 '4인방' 체포와 함께 그도 구속된다). 1975년 8월에는 《수호전》(水滸傳) 비판을 구실로 삼아 덩샤오핑에 대한 비판이 시작되고, 1976년 3월에는 마오쩌둥은 덩샤오핑에게 "두 가지 태도가 있다. 하나는 문화대혁명에 대한 불만이고, 다른 하나는 (실각의) 복수를 꾀하고 있는 것이다"라고 발언한다.

그때 덩샤오핑은 당 중앙의 활동을 책임지고 있었는데, 자신이 주재하는 정치국 회의에서 자아비판을 해야 하는 역경이 1975년 말부터 1976년 초까지 이어졌다. 1976년 4월의 청명절에 즈음하여, 1월에 서거한 저우언라이를 추모하는 사람들이 천안문 광장에 자발적으로 모였다.

그 결과 정부와 충돌이 생기자(제1차 천안문 사건), 덩샤오핑은 민중을 선동한 배후 인물로 간주되어 모든 직무에서 해임됨으로써 세 번째 실각을 경험한다.

다만, 마오쩌둥은 제1차 천안문 사건으로 완전히 해임시킬 때까지 덩샤오핑에 대한 처분을 고민하고 있었다. 이 망설임에서 경제에 대한 마오쩌둥의 우려를 엿볼 수 있다. 이런 우려는 덩샤오핑의 후임으로 등용한 인물이 '4인방' 가운데 한 사람인 장춘차오가 아닌 화궈펑이었다는 사실에서도 확인할 수 있다.

마오쩌둥 타계와 '4인방' 체포　　마오쩌둥이 1976년 9월 9일에 서거하고 나서 한 달도 안 된 10월 6일, 화궈펑은 '4인방'을 체포했다. 체포를 위한 실행 부대를 화궈펑이 치밀하게 준비했고 예젠잉, 리셴녠 그리고 마오쩌둥의 신뢰를 받았던 중앙경위국 제1서기 왕둥싱(汪東興) 등이 구체적으로 작전을 책임졌다.

'4인방'이 체포된 직후 중앙정치국은 곧 만장일치로 화궈펑을 중국공산당 중앙위원회 주석 및 중앙군사위원회 주석으로 선출했고, 중앙위원회 전체회의는 정치국의 이 결정을 추인했다. '4인방'의 영향력이 가장 컸던 상하이에서는 무장봉기가 우려되었지만, 베이징에서 파견된 쑤전화(蘇振華), 니즈푸(倪志福), 펑충(彭沖), 천진화 등이 난징 군구(軍區)와 해군 상하이기지의 협력 하에 상하이의 민병 조직을 평정함으로써 '4인방' 세력은 제거되었다.

화궈펑은 문화대혁명 과정에서 떠오른 인물이고, '4인
방'도 문혁의 중심에 있던 인물들이다. 둘 다 문혁을 배
경으로 힘을 키워 왔다는 점은 같은데, 어째서 이 양자가 대립했을까?

1976년 2월, 총리대행이 된 화궈펑은 덩샤오핑 대신에 당 중앙의 일
상 활동을 주재하게 되었고, 이 결정이 그해 첫 번째 문건으로 전 당에
전달되었다. 장춘차오는 그 결정을 격렬하게 비판하며, 잘못된 노선은
결국 벽에 부딪힐 거라고 일기에 기록했다. 그렇다면 '4인방'과 화궈펑
의 노선 차이는 무엇이었던가?

그것은 경제정책에 관한 입장의 차이었다. 화궈펑의 경력을 돌이켜
보면, 출신은 산시성(山西省)이지만 후난성(湖南省)의 지방 간부로서 등
장한 인물이며, "혁명에 주력을 쏟아 생산을 촉진한다"는 말로 이름을
떨친 전형적인 지방 간부였다. 1952년에 마오쩌둥의 고향인 후난성 샹
탄(湘潭) 현의 당위원회 서기로 취임했고, 그 상급 행정구인 샹탄 지구당
위원회 서기이던 1955년에 농업집단화로 쌓은 업적으로 마오쩌둥의 칭
찬을 받았다. 그 후 마오쩌둥의 신임을 얻어 후난 성당위원회에 승임하
고, 인해전술을 통한 대형 관개 공사를 단행하여 성공시켰다. 1970년에
후난성 제1서기, 1973년에는 중앙정치국 위원, 이윽고 공안부장에 취임
하며 고속으로 승진했다. 지방에 있을 때의 그 실적이나 당 중앙의 일상
활동을 주재한 후의 방식을 보아도, 화궈펑은 대약진(大躍進)적인 경제
발전을 강력하게 추진할 인물이었음에 틀림없다.

이에 비하여 '4인방'은 경제를 중시하는 것은 '경제주의'라고 비판하
는 입장에 서서, 부르주아적 여러 권리는 제한해야 하며 임금 인상을 하
면 안 된다는 등 주장을 해왔다. 단지 임금 인상을 반대했다 하여 '4인방'
이 인민을 경시했다고 말할 수도 없다. 예를 들어 전술한 장춘차오의 일

기에는, 대다수의 타인을 위하여 이익을 추구하고 그 어떤 상황에서도 항상 인민 대중의 편에 서는 것, 그 자체가 승리라고 적혀 있다. 적어도 장춘차오의 머릿속에는 인민이 자리 잡고 있었다.

　장춘차오가 생각하고 있던 인민이란, 예를 들면 노동에 따른 분배 원칙이 관철됨으로써 약한 입장에 서게 되는 사회적 약자를 가리키고 있었다고도 해석할 수 있다. 그러나 실제로 사람들 사이에는 '4인방'의 언동에 대한 반발이 강했다. 그 불만이 1976년 4월, 천안문에서 열린 저우언라이를 추도하는 움직임에서 분출된 것이다.

화궈펑의 경제정책　덩샤오핑은 화궈펑에 대해서, 과도적인 인물에 불과하며 독립적인 면이 하나도 없었다, 즉 '두 가지 범시'라고 말한 적이 있다. 화궈펑은 "무릇 마오 주석이 내린 모든 결정은 단호히 옹호하고, 무릇 마오 주석이 내린 모든 지시는 시종일관 따라야 한다"는 방침에만 집착하고, 새로운 기준은 하나도 내세운 적이 없었다는 의미이다.

　화궈펑의 리더십 아래 1978년에 결정된, 대형 플랜트의 대량 수입과 이를 주축으로 하는 국민경제의 고속 발전 정책은 실패로 끝났다. 나중에는 '양약진'(洋躍進)이라는 야유를 받기까지 했다. 그 책임이 오로지 화궈펑에게 있다는 평가와는 대조적으로, 덩샤오핑은 문혁 후 중국의 경제 발전을 이룩한 개혁개방의 총설계사로 칭송되고 있다. 그러나 실제로 화궈펑과 덩샤오핑의 경제정책에 큰 차이가 있었던 것일까?

　최종적으로 마오쩌둥이 화궈펑을 후계자로 지명한 시점은 1976년의 천안문 사건 후인 4월 말이었다. 그때 이미 (건강 문제로—옮긴이) 언어가 자유롭지 못했던 마오쩌둥은, 보고하러 방문한 화궈펑에게 "천천히 하라, 급하게 해서는 안 된다.""과거의 방침에 따라라.""당신이 한다면 나는 안심할 수 있다"라는 글을 써 보였다고 한다. 마오쩌둥은, 화궈펑이 자신을 배신해 문혁을 부정할 가능성이 없고, 또 경제 발전에도 열성적이고 실적도 있다는 점 등을 평가했을 것이다.

10개년 기획 요강 앞에서 언급한 대로, 화궈펑은 국민경제의 개선을 중시하는 입장이었고, 이 점에서 덩샤오핑과 일치했다. 1978년 2월의 제5기 전인대 제1회 회의에서 채택된 〈국민경제 발전 10개년 기획 요강〉(1976~1985)에서는, 열 개의 대형 철강 기지, 아홉 개의 대형 유색금속 기지, 여덟 개의 대형 석탄 기지, 열 개의 대형 유전과 가스전, 서른 개의 대형 발전소 등을 1985년까지 건설한다는 계획이 담겼다. 이런 성급한 개발 정책은 과학적인 근거와 현실성이 부족하다고 나중에 규탄을 받게 된다.

그러나 〈10개년 기획 요강〉은 덩샤오핑이 당 중앙과 국무원의 일상 활동을 주재하고 있던 1975년에 기본적으로 완성되었다. 그 발단은 마오쩌둥이 5개년 계획을 거듭하여 중국의 경제수준을 세계적인 수준까지 끌어올리도록 한 지시에 따라, 저우언라이가 1975년 1월의 전인대 정부 보고에서 10개년 기획 작성의 임무를 제시했고 국가계획위원회가 초안을 작성했다.

초안은 덩샤오핑이 주재하는 국무원 회의와 정치국 회의에서 많은 토론과 수정을 거쳤고, 마오쩌둥의 동의를 얻은 뒤 전국계획회의에서도 토론되었다. 국민경제의 고속 발전을 목표로 세운 점에서, 화궈펑과 덩샤오핑은 모두 마오쩌둥의 개발주의자로서의 일면을 계승하고 있었던 것이다.

화궈펑이 개혁개방에 반대했는가 하면 사실은 그렇
지 않다. 1978년 중반에 열린 '다칭(大慶)을 따라 배
우고 다자이(大寨)를 따라 배우는 전국재무회의'에서, 화궈펑은 이렇게
발언한다. "우리의 정치제도와 경제제도는 여전히 많은 결함을 안고 있
다. 이는 네 가지 현대화를 실현해야 하는 요구에는 어울리지 않으며, 생
산력을 옥죄고 생산력의 발전을 저해한다. …… 기백을 품고 단호히 그
리고 적절하게, 상부구조와 생산관계에서 생산력의 발전에 어울리지 않
은 부분을 개혁하지 않으면 안 되며, …… 동시에 외국의 선진적인 과학
기술과 기업 관리 방법 중에서 과학에 입각 한 부분을 흡수하지 않으면
안 된다."

1978년 11~12월에 열린 중앙공작회의 폐막식에서, 화궈펑은 정치행
정 제도 개혁의 필요성을 강조하는 한편, 특히 지금까지 시장 경쟁을 중
시해 오지 않은 데 대하여 자아비판을 했다. 사실은 덩샤오핑의 제안에
따랐다고 알려져 있지만, 화궈펑은 중앙회의 발언에서 1979년 1월부터
전 당의 활동 중점을 사회주의 근대화 건설에 옮긴다는 노선이 정치국
에서 결정된 사실을 표명했다. 즉 정치와 경제의 제도 개혁을 시도하고
당 활동 중점을 경제 발전으로 옮기는 방향에 대해서 화궈펑과 덩샤오
핑은 서로 어긋남이 거의 없었다.

그럼에도 불구하고 두 사람의 기본적인 사고방식엔 차이가 있었다.
곧 옳고 그름을 판단하는 기준, 다시 말하면 진리의 판단 기준을 어디에
두어야 하는가에 대한 인식 차이였으며, 근본적인 부분에서 나타나는 사
상의 불일치였다.

두 가지 범시   화궈펑이나 왕둥싱 등은 마오쩌둥의 결정과 지시를 견지하는 이른바 '두 가지 범시론'이라는 방침을 표방해 왔다. 여기에 화궈펑은 "마오 주석의 이미지를 손상하는 모든 언동을 제지해야 한다"며 또 하나의 '범시'를 추가로 제기했다. 화궈펑이 보기에, 마오쩌둥의 권위를 지키는 것이야말로 중국공산당 및 그 지배의 정통성을 유지하는 데 중요한 일이었던 것이다. 화궈펑은 마오쩌둥의 후계 지명을 받은 인물이고 제도 개혁을 제창했지만, 지금까지 정책을 신속하고 크게 개혁하려는 의지도 기백도 부족했다고 볼 수 있다.

그러나 둘 혹은 세 가지 '범시'가 완전히 불합리했던 것도 아니다. 1977년 1월 저우언라이 서거 1주기 무렵, 베이징을 비롯한 몇몇 크고 작은 도시에서 사람들의 자발적인 추도 움직임이 나타났다. 그때 제1차 천안문 사건의 명예회복, 덩샤오핑의 복권 요구, 대중을 탄압한 중앙 지도자들에 대한 강렬한 비판, 그 밖에 문혁에 대한 불만도 덩달아 표출되었다.

화궈펑 등은 이 사태를 주시했고, 당 중앙이 명확한 태도 표명을 해야 한다고 인식하여 '두 가지 범시론'를 제창했다고 알려졌다. 즉 '4인방' 잔당과의 투쟁이 계속되는 와중에서 마오쩌둥의 유훈에 따르고, 만사를 "과거의 방침에 따라야"한다고 명확히 함으로써 권력 이행기에 대국의 안정을 확보하는 동시에, 그 시점에서 천안문 사건의 명예회복과 덩샤오핑의 부활을 좀 더 직접적으로 저지하려고 생각했을 것이다.

치열한 투쟁   '위대한 영수, 마오 주석'의 신격화된 이미지는 사람들의 마음속에 깊이 뿌리 내리고 있었다. 또 마오 주석의 이미지를 지키고 그 기치 아래 단결해야 한다는 주장은, 마오쩌둥 타계와 '4

인방'을 체포하는 대사건을 치른 직후 당내에 널리 호소할 수 있는 힘을 갖고 있었다. 따라서 '두 가지 범시'가 방침으로 정해진 이상, 마오쩌둥의 승인을 받은 정책이나 처분을 뒤집는다는 건 쉬운 일이 아니었다.

덩샤오핑의 부활은 1977년 봄에 결정되었는데, 이는 예외적인 조치였다. 그해 12월, 과거 과학기술의 영역에서 덩샤오핑을 지지했던 후야오방(胡耀邦)이 중앙조직부장으로 취임하여 지난날 누명 사건의 명예회복에 착수하지만, 마오쩌둥이 결정했다는 이유로 반대하는 유력 간부들도 많았다.

덩샤오핑은, 1977년 7월의 제10기3중전회에서 중앙정치국 상무위원, 당 부주석, 당 중앙군사위원회 부주석, 국무원 부총리, 인민해방군 총참모장의 지위에 올랐다. 정치 무대에서 세 번째 부활을 실현한 덩샤오핑은 신중하면서도 주도면밀한 권력투쟁을 펼쳐 나갔다. 정식으로 복권되기 전에, 복권된다면 일을 분담하여 "군을 관할하지 않으면 안 된다"고 주장하고 총참모장으로 군을 지휘하는 한편, "화궈펑 주석과 예젠잉 부주석을 도와 교육과 과학 분야를 담당하겠다고 스스로 제안했다."(《덩샤오핑 문선》)

이 제안은, 교육과 과학기술이 근대화를 실현하는 열쇠라고 본 덩샤오핑 자신의 생각을 표현한 것일 수 있다. 하지만 그에 더하여 교육과 과학은 권력이 가장 약한 부문인 만큼, 될 수 있으면 화궈펑이나 예젠잉이 위협을 느끼지 않는 분야를 선택한다는 배려도 있었던 것 같다. 또한 문혁 와중에 중단된 대학입시제를 재개시키는 등 교육제도의 재건은 여러 간부들 뿐 아니라 일반대중들한테도 크게 환영받는 영역이기도 했다.

진리의 기준을 둘러싼 논쟁

권력투쟁에서 더욱 중요했던 점은, 교육과 과학기술 영역에 관한 마오쩌둥의 지시를 뒤집고 지식인들을 높이 평가하는 조치 등을 통해서 실질적으로 '두 가지 범시'를 부정한 것이다. '두 가지 범시'에 관해 후야오방의 지휘 하에 '진리의 기준을 둘러싼 논쟁'을 일으킨 사실은 널리 알려진 바이다. 공식 미디어까지 동원한 양쪽 진영의 선전전이 격렬하게 전개되어, 〈실천은 진리를 검증하는 유일한 기준이다〉라는 기사를 게재한 《인민일보》나 《광명일보》가 지목되어 비판받는 가운데 덩샤오핑은 군을 기반으로 반론을 펼쳤다.

1978년 6월 2일의 전군정치공작회의에서, 덩샤오핑은 이렇게 호소했다. "실사구시는 마오쩌둥 사상의 출발점이며 기본점이다. …… 우리들은 반드시 린뱌오와 4인방이 남겨 놓은 독을 숙청하고 혼란을 바로잡아 정상으로 되돌리고, 정신적인 멍에를 타파하여 우리들의 사상을 완전히 해방시켜야 한다." 이 회의에서 예젠잉도, 정치 공작은 실사구시가 필요하며 이론은 실천을 통해 검증해야 한다고 강조했다. 또한 중앙군사위원회 비서장 뤄루이칭은 적극적으로 직접 논쟁에 개입하여 후야오방을 지지했다. 뤄루이칭은 전군공작회의의 준비 모임에서, 실천은 진리를 검증하는 유일한 기준이라고 선전하도록 주장했을 뿐 아니라 중앙당학교의 우장(吳江)과 쑨창장(孫長江)이 함께 집필한 〈실천은 진리를 검증하는 유일한 기준이다〉의 속편이라도 할 수 있는 논문을 《해방군보》에 신도록 뒤밀어 주었다.

군을 둘러싼 줄다리기 중앙군사위원회 주석은 화궈펑이었는데, 덩샤오 핑은 어떻게 인민해방군을 자기편으로 만들 수 있었을까? 군에서 화궈펑이나 왕둥싱의 영향력은 확실하지 않았다고 말할 수 있지만, 그들이 덩샤오핑과 군을 놓고 줄다리기가 벌인 것은 사실인 것 같다.

1978년 4월 상순, 해군 난하이함대의 미사일 구축함 106호가 광둥성 잔장(湛江)에서 침몰했다. 사고 발생 후 덩샤오핑이 해군사령부를 엄하게 비판한 데 대해 해군 제1정치위원 쑤전화는 불만을 품고 화궈펑을 찾아가 다섯 시간이나 불평을 토로했다. 화궈펑은 "내가 머지않아[5월 5~10일] 조선을 방문하고 귀국하면 다롄에서 함선을 열병하고, 해군에 대한 지지를 표명하자"라고 말했다. 쑤전화는 해군 당위원회에 돌아와 "화 주석이 우리를 지지한다, 걱정하지 마라. [우리를] 타도할 수 없다"고 보고하고, 열병을 위해서 함정(艦艇) 120척과 전투기 80기를 배치하려고 했다.

그러나 이 계획은 도중에 뤄루이칭이 알게 되고, 중앙군사위원회의 일상 활동을 관장하는 덩샤오핑에 보고되었다. 덩샤오핑은 이 함선 열병식을 취소시키고, 사후에 화궈펑 면전에서 "이것은 한 차례의 힘겨루기이다"라고 이야기했다고 한다. 덩샤오핑은 그 뒤 군 내부에서 '두 가지 범시'를 비판하기 위해, 중앙군사위원회 부주석 명의로 '진리 기준 토론 보충학습'을 시작했다. 7월 말에는, 해군 당위원회 상무위원회 확대회의의 출석자를 접견하고, "실천은 진리를 검증하는 유일한 기준'과 '두 가지 범시' 논쟁은 우리들의 사상 노선의 문제를 이미 비교적 확실하게 해결했다. …… [하지만] 이 논쟁은 아직 끝나지 않았다"고 말하며 쐐기를 박았다.

외교에 미친 영향　이 줄다리기는 외교에도 파급된 흔적이 있다. 이 무렵 덩샤오핑은 중일평화우호조약 체결을 강력하게 추진하고 있었다. 덩샤오핑의 목적은 이 조약 체결을 통해 미국과 국교 정상화를 촉진하고 소련에 대한 통일전선을 구축하는 동시에 경제의 근대화와 대외 개방을 위해 적절한 국제 환경을 만드는 것이었다.

그러나 1978년 4월 일본과 교섭하는 중에 중국 어선 약 200척이 센카쿠 열도 주변에 집결했고, 수십 척이 영해 침범을 거듭했다. 어선들은 경기관총으로 무장했으며, 옌타이(煙台)와 샤먼(廈門, 아모이)의 두 지점에서 발신하는 무선 지시를 받으면서 움직이고 있었다. 중국 측의 이해하기 힘든 움직임을 두고, 당시 일본 측에서는 덩샤오핑의 반대 세력이 교섭 방해를 시도했다는 보도가 나왔다.

어선이 출몰한 날은 바로 쑤전화가 화궈펑을 찾아간 날이다. 두 달쯤 뒤에 상하이 시내에 내걸린 벽보에 따르면, 어업 관계자들한테 선동 연설을 한 인물은 쑤전화가 거느리고 있던 중앙공작조의 일원으로서 '4인방' 체포 후 상하이에 와서 시정을 일신하는 데 열을 올린 인물이었다.

사상 노선의 전환　1978년 11월 10일, 중앙공작회의 개막식에서 연설한 화궈펑은 회의의 의제를 발표했다. ①농업 생산의 향상, ②1979~1980년의 국민경제계획, ③9월에 리셴녠의 경제 전반에 관한 연설 내용에 관한 토론, ④이듬해 1월부터 활동의 중점을 사회주의 근대화 건설에 옮기는 데 관한 시비(是非)와 그 구체화에 관한 검토, 이렇게 네 가지였다. 그런데 개막 직후 여러 분과회의에서는 과거의 누명 사건의 명예회복에 관한 심각한 의견들이 쏟아졌다.

특히 강력하게 요구한 인물은 혁명 원로 가운데 한 사람이며 계획경제의 권위자인 천윈(陳雲)이었다. 많은 출석자가 천윈의 의견에 찬동했고, 화궈평도 의제를 추가하는 데에 동의하지 않을 수 없었다. 회기중인 제3회의 전체회의에서 일련의 누명 사건에 대한 명예회복을 선언하자, 또 하나의 미해결 문제인 '진리의 기준'에 관한 토론이 열기를 띠어 '두 가지 범시'를 고집하는 왕둥싱에 대한 지명 비판도 시작되었다.

사실은 7월 말부터 중앙공작회의 개막까지, 이미 20개 성급(省級) 지방 당위원회의 책임자들은 '실천은 진리를 검증하는 유일한 기준'이라는 입장을 지지하는 뜻을 표명했다. 중앙공작회의의 출석자 명부에는 290명의 이름이 적혀 있었지만, 중앙 부처나 중앙위원회 직속기관, 중앙군사위원회 직속기관에서 한 명씩, 그리고 각 지방이나 대군구(大軍區)에서 서열 1위와 2위 두 명씩 출석했다. 출석한 이들은 대부분 문혁 때 박해를 받은 '노동지'(老同志)였고 '두 가지 범시'의 입장에 서는 사람도 있었지만, 그들은 이미 우세가 아니었다.

회기는 예정된 20일에서 36일 동안으로 연장되었다. 폐막식에서 마지막으로 화궈평은 '두 가지 범시'가 부적당했다고 인정하고, 그 밖에 정치국 상무위원회의 의견으로 '진리 기준'을 받아들였다는 취지의 연설을 했다. 이른바 사상 노선, 곧 당이 세계를 인식하고 개조하는 기본 관점이며 실천의 지침인 사상 원칙의 전환이 이렇게 해서 확정했다.

정치 노선의
불철저한 전환

그러나 이것으로 정치 노선이 전환됐다고 하는 판단은 지나친 것이다. 공산당은 어느 정도 역사적인 시기에 그 정치 목표를 실현하기 위해 규정한 기본 정책을 '정치 노선'이라고 부르고 있다. 화궈평은 중앙공작회의 개막식 연설에서, 1979년 1월부터 전 당 활동의 중점을 사회주의 근대화 건설로 옮겨 간다는 정치국 결정을 표명했다. 그래서 이 중앙공작회의는 정치 노선의 전환점으로 여겨졌다. 하지만 새로운 정치 노선이란 '경제 건설을 중심으로 네 가지 기본 원칙과 개혁과 개방이라는 두 기본 점을 견지한다'는 내용이고, 이는 1987년의 제13회 당전국대표대회(당대회)에서 정식화된 것이다. 덧붙이자면, 견지해야 한다는 네 가지 기본 원칙이란 1979년에 덩샤오핑이 제기한 사회주의 정치체제의 원칙으로 ①사회주의의 길, ②인민민주독재, ③공산당의 영도, ④마르크스·레닌주의와 마오쩌둥 사상을 가리킨다.

그러나 사실은 중앙공작회의나 그 직후에 열린 제11기3중전회에서 당의 중심 사업을 근대화 건설로 옮겨 간다는 결정 자체가 정치 노선의 전환이라는 의식으로 출석자들한테 공유되지 않았다. 화궈펑의 강연이나 3중전회의 공보에도, 당의 사업 중심을 어디에서부터 근대화 건설로 옮길 것인가에 관해서는 "린뱌오와 '4인방'의 죄상을 적발하고 비판하는 전국적인 대규모 대중운동으로부터"라는 표현에 그쳤다. 당의 사업 중심을 이행한다는 것은 단순한 활동이 새 단계로 이행하는 것이고, 구체적인 활동 내용이나 순서에 대해 언급한 것에 불과한 것이라고 일반적으로 인식되었고, 후야오방조차 그렇게 해석하고 있었다.

또한 화궈펑이 강연에서 "새 시기 총노선과 총임무의 지도 아래에서" 사업의 중심을 옮긴다고 했지만, 총노선이란 계급투쟁을 중심으로 하는 기본 노선이 포함된 내용이었다. 곧 화궈펑의 목적은 '계급투쟁을 중심으로 한다'와 '경제 건설을 중점으로 한다'를 조화시키는 것이었다. 이는 제11기3중전회에서 "계급투쟁을 중심으로 하는 슬로건 사용을 단호히 중지했다"(1981년의 이른바 역사 결의)는 것은 사실과 어긋난다.

한편, 제11기3중전회의 공식 문서에서는, 경제관리 제도와 경영관리 방법에 대한 개혁에 착수하고, 자력갱생의 기초 위에서 세계 각국과 평등하고 호혜적인 경제 협력을 적극적으로 발전시킨다는 내용을 명문화했지만, 이 부분은 9월 리셴녠의 강연에서 이미 상세히 언급된 바 있다. 즉 1978년 말 시점에서 정치 노선의 전환은 철저하지 못했고, 또한 개혁 개방의 방침이 정식화되어 명확히 제시되지 않았던 것이다.

농촌 개혁에 대한 저항 이런 상황은 당시 농업과 농촌 개혁에 대한 강력한 저항과도 관계가 있다. 앞서 살펴본 것처럼, 중앙공작회의의 의제 가운데 하나가 농업 생산을 향상시키는 것이었다. 제11기3중전회는 1979년부터 식량 통일 매입 가격을 20퍼센트 인상하고 초과 매입 부분에 대해서는 50퍼센트 올리고, 농업 기계나 화학비료, 농약과 농업용 비닐 등 농업용 공업 제품 가격을 1979~1980년에 비해 10~15퍼센트 낮추는 등 여러 결정을 내렸다. 그러나 인민공사의 제도적인 틀에는 변화가 없었다.

제11기3중전회에서 원칙으로 통과된 〈농업 발전에 속도를 높이는 약간의 문제에 관한 중공 중앙의 결정(초안)〉과 〈농촌 인민공사 사업 조례(시행 초안)〉는, 농가별 생산책임제와 밭을 나누어서 하는 개인 경영을 허용하지 않는다고 명확히 밝혔다. 그리고 1979년 9월의 제11기4중전회에서 〈농업 발전에 속도를 높이는 약간의 문제에 관한 중공 중앙의 결정〉은, 밭을 나누는 개인 경영은 허용하지 않으며 외딴 산지 등을 제외하고 농가별 생산책임제를 실시해서는 안 된다고 명기했다. 이데올로기적 입장에서 화궈펑뿐만 아니라 리셴녠도 농가별 생산책임제에는 반대했고, 적어도 공개된 자료를 바탕으로 한 관찰에 따르면 이 단계에서 덩샤오핑은 자신의 입장을 표명하지 않고 있었다.

개혁개방을 향한 험난한 여정

일반적으로 제11기3중전회는 덩샤오핑이 주도한 개혁개방 노선의 '완승'으로 끝났다고 보고 있다. 그도 그럴 것이 인사 면에서는 천윈을 당 부주석으로, 저우언라이의 부인 덩잉차오(鄧穎超), 후야오방, 그리고 덩샤오핑과 가까운 왕전(王震)을 정치국 위원으로, 그리고 후차오무를 비롯한 덩샤오핑 추종자 아홉 명을 중앙위원으로 추가 선출했다.

지도층의 안정과 단결을 중시하고 누구도 사직시키지 않는다는 결정이 있었기에, 왕둥싱은 부주석 직위를 유지했지만 실권은 상실되었다. 이 밖에 화궈펑이나 왕둥싱과 친하다고 간주된 천시롄(陳錫聯, 북경군구 사령관)이나 지덩쿠이(紀登奎, 상무부총리)의 사임 요구가 분과회에서 제기되었다. 또 화궈펑이 비판을 받고 '두 가지 범시'의 과오를 인정했고, 더욱이 중앙공작회의에서부터 제11기3중전회에 이르기까지 덩샤오핑이 정치국 상무위원회 및 회의 전체를 주도하는 역할을 맡음으로써 지도층에서 덩샤오핑의 지위 상승이 널리 인지되게 되었다.

그런데 회기가 큰 폭으로 연장되었음에도 중앙공작회의에서는 개혁개방에 관해 충분히 논의할 여유가 없었다. 전당의 사업 중심이 경제 건설로 이행되었지만 정치 노선의 전환에 관한 인식은 철저하지 않았고, 화궈펑도 당 주석을 비롯한 모든 직함을 유지했다. 마오쩌둥이 타계하고 불과 2년밖에 지나지 않았고 사람들의 사상 해방 정도에는 한계가 있었던 것이다.

개혁개방을 향한 길은 평탄하지 않았지만, 그 징후는 이미 1978년 말의 정치과정에 드러났다고 볼 수 있다. 경제정책에 관해서 화궈펑과 덩샤오핑 사이에 큰 차이가 있는 건 아니지만, 만약 '두 가지 범시'의 사상 노선이 계속되었다면 개혁개방의 길은 틀림없이 더 늦어졌을 것이다. 그리고 1978년 말 제11기3중전회에서는 경제 건설에 사업의 중심을 두는 결정은 했지만, 통설로 알려져 있는 것처럼 그 시점에서 개혁개방 노선이 이미 확립된 것은 아니었다.

3. 조정과 개혁

두 가지 문제　　사상 노선을 둘러싸고 화귀펑과 벌어진 투쟁에서 승리한
덩샤오펑은 개혁과 개방을 추진하려고 했다. 당시 중국
경제는 다른 사회주의 경제와 마찬가지로 두 가지 제도적인 문제를 안
고 있었다. 하나는 기업이나 노동자의 의욕을 불러일으키는 인센티브가
부족했다. 특히 중국에서는 1957년의 반우파 투쟁 이래 노동에 따른 분
배의 원칙이 부정되는 경향에 있어, 일을 해도 일을 하지 않아도 수입은
같다고 인식되고 있었다.

　두 번째는 계획에 의한 비효율적인 자원 분배의 문제이다. 계획경제
는 중점 지역이나 중점 산업의 육성에는 위력을 발휘했지만, 수요와 공
급 변화의 대응이 따라가지 못해 필요한 물건은 부족했고 불필요한 물
건이 남아도는 폐해가 있었다. 과거 소련에서는 컴퓨터의 발달로 중앙의
지령을 통해 효율적인 자원 분배가 지속적으로 진행될 거라고 보았지만,
경제가 너무 복잡해져서 시장의 '보이지 않는 손'만큼 뛰어난 효율성은
실현되는 일이 없었다.

이 밖에도 중국 특유의 문제가 하나 있었다. 다름 아닌 노동력 과잉이었다. 인구 정책에 실패하여 도시에서 노동력을 전부 수용할 수 없었고, 문혁 중에는 농민들한테 배운다는 명분으로 수많은 도시 청년들을 농촌에 파견했다(상산하향, 上山下鄉). 문혁이 종료되고 나니 파견되었던 청년들은 도시로 되돌아와 도시에서 직장을 구하기 시작한 것이다.

이런 상황에서 도입된 개혁 정책은 무엇보다 분권화였다. 경제 활성화를 위해서 지방이나 기업에 예전보다 큰 경제상의 권한을 주었고, 노동에 따른 분배의 원칙과 그것을 기반으로 하는 노동자들에 대한 보너스 제도나 작업량에 따른 임금지불 제도를 부활시켰다. 둘째로, 부분적인 시장 도입, 곧 생산과 유통에 관한 규제를 완화하고 가격 자유화를 실시했다. 그리고 세번째로, '개체호'(個体戶)라고 일컫는 자영업을 허용함에 따라 고용이 창출되었다. 규모가 큰 개체호가 나타나면 최종적으로 민간 기업으로 인정을 받았다. 농촌에서는 대약진 때에 만들어진 농촌 공업의 기초 위에 마을 운영이나 개인 경영 등을 통한 '향진(鄉鎮) 기업'이 발전했다. 이러한 새로운 경제 주체는 계획의 대상에 들지 않았고 시장에서 스스로 살아남아야만 했다. 즉 인구 압력에 따라 계획경제의 틀에서 빠져나온 경제 주체가 늘어나 시장경제가 자연스럽게 확대되는 메커니즘이 생긴 것이다.

중국공산당은 개혁이 농촌에서부터 시작되었다고 말하고 있지만, 그런 설명은 오해를 낳기 쉽다. 앞서 살펴보았다시피, 확실히 농산품 가격이 1979년보다 인상된 건 사실이다. 그러나 농업이나 농촌의 제도 개혁은 그보다 더 늦어졌다. 1978년의 안후이 성 평양(鳳陽) 현 샤오강(小崗)촌에서 시작된 자발적인 모색이 농가별 생산책임제의 발단이라고 알려져 있지만, 실제로 생산책임제가 사회주의 체제와 모순되지 않는다고 정부가 공인하여 전국적으로 확대된 것은 1982년 이후였다. 또 인민공사가 해체되는 것은 1983년 이후의 일이다. 이에 비해 기업을 활성화시키기 위한 새로운 이윤유보 제도나 직원 노동자의 보너스 제도 등은 늦어도 1979년부터 도시에서 도입되고 있었다.

개혁을 둘러싼 세 가지 사고방식 이 무렵 넓은 의미의 개혁으로서 세 가지 사고방식이 존재했다. 먼저 지금이야말로 1950년대의 제1차 5개년계획과 같은 중앙집권적 계획경제를 실시해야 한다는 사고방식, 다른 하나는 지방에 권한을 주어야 한다는 사고방식, 그리고 세 번째는 기업에 큰 권한을 줘야 한다는 사고방식이다. 결국 기업을 활성화하지 않으면 국민경제의 장래도 없다고 하여 기업의 분권화를 추진했지만, 앞으로 살펴보겠지만 결코 순조롭게 진행된 것은 아니었다.

중앙집권적인 계획경제의 실시를 주장하고 있던 중심 인물은 보수파의 중진인 천원 당 부주석 겸 국무원 부총리였다. 천원 하면 엄격한 중앙집권주의 경제론자라는 이미지가 뒤따르게 마련이지만, 실제로는 실용주의적인 면도 있었다. 예를 들어, 천원은 어느 정도 시장 도입을 인정했고 농가별 생산책임제에도 찬성하고 있었다. 1979년, 안후이 성당위원회 제1서기 완리(万里)가 천원에게 "안후이 성에서는 일부 농민이 청부제를 시작하고 있는 데, 어떻게 생각하십니까?" 하고 물으니 "난 쌍수를 들고 찬성한다네" 하고 대답했다. 그 후 덩샤오핑의 동의도 얻은 완리는 안후이 성에서 적극적으로 생산책임제를 도입했다.

그러함에도 천원은 기본적으로 '시장이라는 새는 계획이라는 새장에 넣어 두지 않으면 안 된다'는 새장론을 외치는 계획경제 중시론자였으며 '계획경제를 주(主)로, 시장 조절을 부(副)로!'를 지론으로 삼고 있었다. 또한 외국자본의 도입에도 회의적이었다. 더욱이 균형 잡힌 발전이 중요하다며 균형발전론을 주장하고 외화와 무역, 투자와 소비, 중공업과 경공업이 균형을 이루어야 한다고 했다.

과학기술 도입 이에 대하여 덩샤오핑에게 발탁되어 개혁을 추진한 인물이 바로 자오쯔양(趙紫陽)이었다. 1966년 마흔여섯이라는 젊은 나이에 광둥 성당위원회 제1서기에 취임한 자오쯔양은, 문혁 초기에 실각했으나 1971년에는 복권되고 문혁이 종료된 뒤에는 쓰촨 성에서 기업 개혁과 농가별 생산책임제 등의 도입을 추진해 갔다. 1978년에 화궈펑을 수행하여 루마니아와 유고슬라비아를 방문했을 때, 개혁이 진행되는 곳일수록 경제가 발전하고 있음을 목격하고 쓰촨 성에서 과감한 개혁을 추진해야겠다는 각오를 다졌다고 한다.

덩샤오핑이 국민경제의 급속한 발전을 요구하고 분권화를 중시한 점에서는 마오쩌둥과 같았다. 다만 차이라고 하면 기업의 활성화를 중시한 점, 노동자를 북돋아 주기 위한 정신주의의 한계를 분별하고 물질적인 자극을 활용한 점, 그리고 청년 시절 프랑스의 현대식 공장에서 일했던 경험이 있다는 면에서 과학기술의 중요성을 강조한 점이었다.

덩샤오핑은 뒤떨어진 중국의 과학기술을 발전시키지 않으면 안 된다고 생각했다. 하지만 이는 하루아침에 이룰 수 있는 것이 아니고, 우선은 해외에서 들여오는 쪽이 빠르다고 생각했다. 중국에서는 1960년대 소련과 관계가 악화된 이후 외국의 기술에 의존하는 것이 위험하다는 점을 강조해 왔지만, 덩샤오핑은 그 방침을 바꾸었다. 그러나 외국의 기술을 사들이려면 외화가 필요했다. 여기서 우선은 과학기술 도입을 위한 경제

경제특구의 수출과 수입(단위: 억 달러)

	1980	1982	1985	1990	1992	1995	1998
선전	0.18	0.25	13.06	157.01	235.76	387.69	452.74
주하이	0.19	0.37	1.45	3.48	15.26	38.03	59.17
산터우	2.51	2.55	2.57	8.39	11.35	26.01	66.10
샤먼	1.42	1.47	4.44	11.53	28.42	60.33	76.14
전국	381.4	416.1	696.0	1154.4	1655.3	2808.6	3239.5
전국에서 차지하는 특구의 비율	1.18	1.23	3.21	16.69	18.59	19.04	20.78

《중국통계연감》을 기초로 작성.

의 대외개방을 시작하게 된다. 1979년부터 일본을 비롯한 외국 정부의 개발원조를 받아들였고, 무역을 촉진하여 남방의 광둥 성이나 푸젠 성에 큰 폭으로 경제 자주권을 주는 동시에 경제특구를 설치하여 외자를 불러들였다.

이 지점에서 덩샤오핑이 활용한 것이 해외 화교(華僑)의 경제력이었다. 그러나 문혁 과정에서 화교는 혁명을 수출하는 전위대로 활용된 과거도 있었다. 1970년대 중반 말레이시아와 타이, 필리핀과 국교 정상화를 이뤘을 때, 중국은 화교와 화인(華人)의 이중국적을 인정하지 않고 중국 국적을 보류한 화교에 대해서도 현지의 법률 준수와 풍습 존중을 요구하는 취지를 표명했다. '중국이 공산주의를 수출하려 하고 있다'는 각국의 우려를 거두게 하고 안정된 관계를 쌓기 위해서였다. 덩샤오핑은 경제 발전을 이루려면 평화로운 국제 환경을 구축하고 유지할 필요가 있다고 생각하고 1978년의 중일평화우호조약 체결, 1979년의 미중 국교 정상화로 중국을 이끌어 나가는 협조적인 외교 노선을 추진했다.

마오쩌둥 사거 후, 덩샤오핑이 제창한 개혁은 경제 영역에만 머무르지 않고 정치까지도 개혁의 대상으로 삼고 있었다. 무엇보다 문화대혁명의 교훈이 가장 컸다. 마오쩌둥 개인숭배와 권력 남용 그리고 학생이나 시민 사이의 폭력 행위, 홍위병들에 의한 사회질서 파괴는 민주화와 제도화를 결여한 통치에 대해 당내 일부 당원들이 심각하게 반성하는 계기가 되었다. 덩샤오핑은 당정 분리, 곧 당과 국가기구의 권한 분리를 강하게 호소했다. 또한 주위 사람을 제압하는 권력자의 한마디를 반대하고, 각급 당위원회 의사 결정의 민주화를 주장했다.

당 바깥에서는 베이징동물원의 전기공인 웨이징성(魏京生) 등이 '제5의 근대화,' 즉 정치의 근대화를 주장했고, 베이징 시에 출현한 '민주의 벽'에 내다 건 벽보나 독립출판 잡지를 통해 일당독재를 강하게 비판했다. 그러나 문혁의 교훈은 정치개혁을 일정한 범위 안으로 제한하는 구실도 했다. 아래로부터의 정치 참여를 통해 당의 권력을 상대화해야 한다는 목소리는 문혁의 혼란이 재현되는 것을 막아야 한다는 호소에 약화되었다.

덩샤오핑이 정치개혁을 주장한 두 번째 동기는 화궈펑과의 권력투쟁이었다. 1978년 11월, 사사키 료사쿠(佐々木良作) 일본 민주사회당 위원장과 회담한 덩샤오핑은 "벽보를 쓸 권리는 우리나라 헌법이 허용하는 부분이며, 우리에게는 대중이 민주를 북돋우고 벽보를 붙이는 것을 부정하거나 비판할 권리는 없다. 대중이 화내고 있다면 그 화를 풀게 해야 한다"고 말했다. 웨이징성도 덩샤오핑의 참모가 '민주의 벽' 활동가 회의에 참가했다고 증언하고 있다.

그러나 그해 12월의 제3회전체회의에서 화궈펑과의 권력투쟁이라는 산 하나를 넘은 덩샤오핑은, 그 이듬해 봄부터는 정치상의 네 가지 기본원칙을 제시하고, '민주의 벽'을 탄압하고 웨이징성을 체포했다. 그리고 화궈펑한테서 실권을 넘겨받음에 따라, 정치개혁에 대해서는 언급하지 않았다. 화궈펑은 1980년 9월에 정식으로 총리 자리를 자오쯔양에게 물려줬지만, 그해 11~12월 아홉 차례에 걸쳐 열린 중앙정치국 확대회의에서 비판을 받고 당 주석과 중앙군사위원회 주석도 사임을 신청했다. 그 직무는 후야오방과 덩샤오핑이 실질적으로 이어받았고 정식 교체는 1981년 6월에 열린 제11기6중전회에서 이루어졌다. 1982년 9월의 제12회 당대회에서는 주석제가 폐지되고 총서기가 당의 최고 직위가 되었지만, 그 목적은 일인자의 권한을 약화시키고 집단지도체제의 제도화를 진행하는 것이었다. 덩샤오핑이 다시 정치개혁에 대해서 언급하는 건 1980년대 후반의 일이다.

2장

개혁개방을 둘러싼 공방

1982~1992

1. 독립자주 외교의 모색

'반패권' 조항   중국에 접근을 시도하는 한편 소련과 데탕트(긴장 완화)
도 추진했지만, 1970년대 중반에 들어서면서 닉슨 정권
의 관계 개선 노력은 암초에 부딪친다. 앙골라 내전에 개입하고 캄보디
아를 침공한 베트남을 지원한 소련이 1979년에 아프가니스탄을 침공하
면서 데탕트는 완전히 붕괴되었다. 그러나 소련에 대한 경계심을 바탕으
로 미국에 접근한 중국으로서는 미국과 소련 사이에 긴장 관계가 다시
형성된 것이 어떤 면에서는 오히려 안성맞춤이었다.

  1972년의 중일공동성명에서 중국과 일본은 평화우호조약 체결을 합
의하고 1974년부터 교섭을 시작했다. 중국이 소련을 염두에 둔 '반패권'
조항을 조약에 담으려고 강하게 주장하자 일본은 난색을 보였다. 당시
일본 정부는 일소평화조약 체결을 기대했으며 소련을 적대시하는 '반패
권' 조항으로 소련과 관계를 악화시키고 싶지 않았다. 일본 측은 소련에
대한 경계 색채를 누그러뜨리기 위해 '반패권' 조항은 제3국을 대상으로
한 내용이 아니라는 문구를 추가하자고 주장했지만, 중국 측은 완고히
받아들이지 않았다.

그러나 1976년에 마오쩌둥이 타계하고 잇따라 '4인방'이 체포된 후, 중국은 일본과의 경제 관계를 중시하는 태도를 명확히 하고 여태껏 강경했던 '반패권' 조항에 관해 자세가 유연해졌다. 1978년 3월, 중일우호협회 회장 랴오청즈(廖承志)가 중일평화우호조약은 제3국을 대상으로 한 내용이 아니라는 일본 측의 주장을 받아들이려 하자, 후쿠다 다케오(福田赳夫) 총리는 조약을 체결할 좋은 기회라 판단하고 나라 안팎으로 관련 활동을 추진해 나갔다.

그해 7월에 조약 관련 교섭이 베이징에서 다시 열리고, 8월 12일 두 나라 외무장관이 중일평화우호조약에 조인했다. 최종적으로 조약 제2조에 '반패권' 내용을 담았고, 제4조에서 본 조약은 '제3국'과의 관계에 영향을 주는 것이 아니라는 취지를 밝혔다. 중국과 일본 양쪽의 주장과 타협을 담은 내용이었다.

'덩샤오핑 외교' 덩샤오핑은 중일평화우호조약 체결을 강력하게 추진했다. 그 목적은 1장에서 언급한 바와 같이, 이 조약을 체결함으로써 미국과 국교 정상화를 촉진하고 대소련 통일전선을 구축함과 동시에, 경제 근대화와 대외 개방에 알맞은 국제 환경을 만드는 데 있었다.

1978년 10월, 덩샤오핑은 중일평화우호조약 비준서를 교환하기 위해 일본을 방문하게 된다. 8일 동안 체류한 덩샤오핑은 천황을 비롯한 요인들과 회견하는 일 이외에, 닛산(日産)이나 신닛데쓰(新日鐵), 마쓰시타전기(松下電器) 같은 선진적인 공장을 견학하고, 신칸센을 이용하여 교토, 나라, 오사카를 방문했다. 그때 "이 지방의 문화는 중국에서 배워 온 겁니다"라는 설명을 들은 덩샤오핑은 "지금은 처지가 바뀌었습니다. 이

제 여러분들한테 우리가 배워야 합니다"라고 대답했다. 문화대혁명을 막 마친 중국에게 가장 가까운 공업 선진국은 일본이었고, 일본은 중국의 발전 모델로 떠올라 학습의 대상으로 되었다. 미국과의 국교 정상화가 그저 안전보장의 관점에서 출발한 데 비하여, 일본과의 관계는 소련의 위협에 대항하는 안전보장은 물론 경제적 이익을 꾀한다는 면에서도 중요했다.

1979년 1월 1일, 미국과 중국 사이에 국교 정상화가 실현된다. 그리고 그해 1월말부터 2월초에 걸쳐 덩샤오핑은 중화인민공화국 건국 이래 중국 지도자로서는 처음으로 미국을 방문했다. 그 전해 덩샤오핑이 일본을 방문했을 때 주요 사안 가운데 하나가 중일 경제협력이었지만, 미국 방문 때 논의된 건 단지 안전보장에 관한 문제였으며 초점은 타이완 문제와 베트남에 대한 중국의 군사행동 계획이었다.

덩샤오핑은 중국과 미국이 정식으로 동맹을 맺어야 한다는 생각은 아니지만, 소련에 대한 행동에는 보조를 맞출 필요가 있다고 말했다. 그러면서 그는 중국과 미국이 외교관계를 수립하면, 미군은 즉시 타이완에서 철군하고 군사적 지원도 중단해야 한다고 했다. 타이완에서 철군하는 일에는 응했지만, 미국 연방의회는 1979년 4월 타이완관계법을 채택했다. 관계법에는 미국이 타이완과 경제·문화면에서 교류를 유지하고, 타이완의 안전보장에 필요한 무기를 제공한다는 내용이 담겼다. 이 관계법에 근거한 무기 제공이 계속되어 오늘날까지 미중 관계에서 가장 큰 갈등 요인이 되고 있다.

중국-베트남 전쟁 또한 덩샤오핑은 카터 대통령 등과의 회담에서 베트남에 대한 군사 제재 의향을 밝히며 미국 쪽의 반응을 살폈다. 1970년대 중반부터 북베트남의 외교 행위나 베트남의 화교 정책, 베트남과 대립하는 캄보디아의 폴 포트 정권에 대한 중국의 지원, 중국-베트남 간의 영토 문제(西沙諸島) 등을 둘러싸고 관계는 악화되었다. 덩샤오핑이 "베트남에 대해 적절하면서 한정적인 교훈을 줄 필요가 있다고 생각한다"고 말하자, 카터는 군사행동이 중국에게 바람직하지 않은 국제여론을 조성한다는 이유로 반대한다는 태도를 보였다.

결국, 중국은 미국의 의견을 무시하고 1979년 2월 군사 침공에 돌입하면서 중국-베트남 전쟁이 발발하게 된다. 미국이 지적한 바와 같이 국제사회에서 중국 이미지 하락이나 소련의 전쟁 개입 위험성을 고려하면, 중국의 군사 침공 결정은 외교 면에서 합리적이라고 판단하기 어렵다. 또한 내정 면에서도 경제와 재정 재건에 힘을 모으는 방침에 어긋나기에 천원 같은 이는 전쟁에 반대하는 입장이었다. 그럼에도 군사행동을 결행한 요인은, 덩샤오핑이 자신을 지지하는 군부와의 관계를 중시했기 때문이다. 군부의 협력을 얻는 것은, 국내의 저항 세력을 억제하고 덩샤오핑 체제를 확립하는 데 필요했다.

훗날 군사과학원이나 총후근부 정치위원을 맡은 류위안(劉源, 류사오치 전 국가주석의 아들)은 이 전쟁으로 발전에 필요한 전략적 기회가 만들어졌다고 평가했다. 중국군이 전쟁에 나아간 2월 17일부터 3월 5일의 철군에 이르기까지, 고작 3주 정도의 전투였으나 두 나라는 엄청난 손해를 내고 전쟁을 종결했다.

플랜트 계약 파기 문제 화귀펑과 덩샤오펑은 근대화를 추진하기 위해, 서방 선진 공업국의 경제 지원과 기술을 받아들인다는 방침을 정했다. 특히 일본과의 관계를 중시하여, 1978년과 1979년에 두 나라 사이에 총액 79억9천만 달러나 되는 플랜트 계약이 체결되었다. 그러나 1979년 2월, 중국이 갑자기 상하이 바오산제철소 관련 플랜트를 포함하여 1978년 12월 이후에 맺어진 계약 이행을 보류한다고 일본에 통보했다.

1978년 12월 중국공산당 제11기3중전회 이후, 중국의 경제정책을 주도한 인물은 균형 발전론자인 천윈이었다. 1979년 3월, 중요한 경제정책 결정기관으로 신설된 국무원 재경위원회 주임에 취임한 천윈은, '조정, 개혁, 정돈, 향상'이라는 여덟 자 경제운영 방침을 내세우고, 균형된 발전을 위해 과도한 투자나 수입을 견제하려 했다.

1981년 초, 중국이 79억9천만 달러 가운데 30억 달러 정도 되는 플랜트 계약의 파기를 또 다시 일본에 통보하자 일본 쪽에는 강한 불만과 비판 여론이 형성되었다. 결국 중국의 안정과 발전을 지원한다는 대중국 경제협력 목적으로 정부개발원조(ODA)의 일부를 상품 차관에 대체하여 플랜트 건설에 돌리고, 그 밖에 일본 수출입은행의 소프트론(soft loan, 소프트한 대부 조건의 융자)과 민간의 대출을 합쳐 일본 측이 3천억 엔을 제공하는 것으로 문제를 매듭지었다.

플랜트 계약이 파기될 위기를 극복한 중일 관계는 이제 순풍에 돛을 단 듯 순조로웠다. 그 무렵 평화로운 국제 환경 속에서 경제 발전을 재촉하는 것이 중국의 최대 과제였으며, 일본은 중요한 파트너로 인식되었다. 미국과 일본 사이의 치열한 경제 마찰, 타이완에 대한 무기 수출을 둘러싼 미국과 중국 간의 논쟁, 관계 개선을 호소하는 소련의 움직임 등

이러한 국제정세에서 일본과의 관계를 안정적으로 발전시키는 것이 국익에 맞다고 중국 측은 판단했다. 1982년 5~6월에 일본을 방문한 자오쯔양은 중일 관계에 대해 '평화우호, 호혜평등, 장기안정'이라는 3원칙을 제기하고 중일 우호의 분위기를 북돋웠다.

역사교과서 문제
1980년대의 중일 관계는 대체로 양호했지만, 1990년대 이후에 출현하는 여러 가지 문제의 씨앗이 보이기도 했다. 그중의 하나는 1982년에 처음 불거진 교과서 문제였다. 그 계기는 일본의 고등학교 역사교과서 검정에서, 한 출판사가 펴낸 교과서의 기술(記述)에서 '화북 침략'이라는 표현을 일본 문부성이 '화북 진출'로 바꾸게 했다는 일본 측의 보도였다. 애초에 이 소식은 오보였지만 문제는 점점 더 커지게 된다. 그 과정에서 여태껏 문부성이 '침략'이라는 표현에 대해 '개선'하라고 요구해 온 사실이나, '동남아시아 침략'을 '동남아시아 진출'로 바꿔 서술한 교과서도 있었다는 사실이 밝혀졌다.

일본에서 보도된 직후에는 중국 쪽 반응이 그렇게 크지 않았다. 신화사(新華社)가 논평이 아닌 보도로, 그 며칠 뒤 《인민일보》가 비판 기사를 한 편 실었을 뿐이다. 그러나 그다음 달인 1982년 7월 하순부터 중국 미디어는 대대적으로 일본에 대한 비판을 펼쳤고, 외교부는 일본대사관 공사를 불러 정식으로 항의했다. 그 후에도 중국의 미디어는 비판에 열을 올렸고 일본의 군국주의 부활이라는 표현과 논조도 널리 퍼졌다.

일본 비판 캠페인을 주도한 인물은 당시 가장 유력한 이데올로그 후차오무였다. 덩샤오핑도 이 사건을 그냥 지나치지 않았다. 외교와 선전 부문 지도자들이 모인 회의에서, 일본의 중국 침략에 관한 역사 해석에 타협하지 말고 내정간섭이라는 일본 측의 주장에 초점을 맞춰 반박하도록 지시했다. 그 후로 중국의 태도는 더욱 더 강경해졌다.

어쩌면 교과서 문제에 대한 중국의 태도를 바꾼 요인 가운데 하나는, 일본 자민당 대표단이 타이완을 방문하여 타이완 당국과 공식 접촉에서 '양국'이라는 표현을 사용했다고 한 보도였다고 판단된다. 중국 측은 당시 '기러기 행렬'이라고 일컫는 아시아의 발전을 이끌고 있던 일본이 나중에는 정치 대국화의 길을 걸을 거라고 인식하고 있었다. 따라서 일본의 역사 인식이나 타이완 정책을 변경할 가능성에 대해 크게 우려했을 것이다. "침략사의 개찬(改竄), 군국주의 미화"(《인민일보》)가 실제로 있든 없든 그 씨앗이 될 수 있는 언동은 철저히 비난했다.

일본 측의 양보   일본에는 교과서 문제에 관한 중국 측의 항의를 내정간섭이라고 반발하는 사람도 적지 않았다. 또한 군국주의 부활 같은 비판은 사실에 어긋난다기에 반발보다는 당혹감이 컸다. 하지만 1982년 8월 하순, 일본 정부는 〈'역사교과서'에 관한 미야자와 기이치 내각 관방장관 담화〉를 발표하여 "우리나라는 이웃 나라들과 우호 친선을 증진시키는 동시에 이 비판에 충분히 귀를 기울여 정부가 책임지고 시정(是正)한다"는 것과 교과용 도서 검정심의회의 토론을 거쳐 새로 검정 기준을 정한다는 뜻을 밝혔다. 11월에 나온 검정심의회의 답신에 근거하여, 정부는 교과서 검정 기준으로 "아시아 이웃 나라들과 근현대 역사적 사상(事象)을 취급하는 경우 국제적 이해관계와 협조의 견지에서 필요한 배려를 한다"는 이른바 '근린 제국 조항'을 추가했다.

일본 측이 양보한 이유 가운데 하나는 중국과 일본의 우호협력 관계는 정치적으로도 경제적으로도 무척 중요하다는 기본적인 판단이다. 특히는 과거의 전쟁에 대한 속죄 의식이나 중국과 일본의 발전 단계 차이도 고려되어 우호협력 추진이 일본의 중국 정책에서 큰 틀이었다. 중국 측이 9월 제12회 당대회에서 일본의 견해를 받아들이는 자세를 보임으로써 교과서 문제는 일단락되었다.

독립자주 외교로 전환 1980년대 초반, 중국은 소련에 대한 경계심을 늦추지 않았으며, 소련에 대한 전략적 관점에서 대일 관계를 고려하는 경향이 여전히 강했다. 1980년 4월, 부총참모장 우슈취안(伍修權)은 중국을 방문한 나카소네 야스히로(中曾根康弘) 의원에게, 방위비를 GNP의 2퍼센트까지 인상해도 일본 경제에 큰 영향은 없지 않은가 하고 말할 정도였다. 하지만 1982년 9월 제12회 당대회의 정치보고에서, 후야오방 총서기는 '독립자주 외교'로 전환한다고 밝히고 '전방위 외교'를 제창하며 소련과 관계 개선을 모색하게 된다.

독립자주 외교의 목적 가운데 하나는 미국과 거리를 조정하는 데 있었다. 당시 중국으로서는 대미 관계에서 최대 현안 문제가 미국의 타이완에 대한 무기 수출이었다. 1981년에 등장한 레이건 대통령은 친타이완파로 알려졌고, 그해 말에 전투기 부품과 공군 서비스를 타이완에 수출한다고 결정함으로써 중국 측의 맹렬한 반발을 불러일으켰다.

치열한 교섭 끝에 1982년 8월 미중공동코뮈니케(제2차 상하이코뮈니케)가 발표되어 문제는 일단락된다. 하지만 중국 측의 불신감은 여전했고, 제12회 당대회 정치보고에서 언급한 대미 관계는 주로 타이완 문제를 둘러싸고 미국에 대해 불만을 표명하는 것이었다. 동시에 이 보고는 초강대국의 패권주의를 통렬히 비판했고, 중국은 "그 어떤 강대국 또는 국가 블록에도 의존하지 않는다"고 강조했다. 초강대국으로부터 독립자주를 표명한 것은 발전도상국에 대해 제3세계 우호국으로서의 연대성을 호소한다는 목적도 있었다.

대일 관계의 중요성 중국은 초강대국(미국과 소련)의 패권주의에 대해 비판은 했지만 종래의 '반패권 통일전선' 노선은 드러내지 않았다. 국방 건설보다는 경제 건설을 우선하는 덩샤오핑에게는 소련과의 관계 개선과 국경 지역의 긴장 완화가 더 중요한 과제였다. 때마침 미국과 중국이 타이완을 두고 다투던 1982년 3월, 브레즈네프 소련공산당 서기장이 타슈켄트 연설에서 타이완에 대한 중국의 주권을 승인하고, 중소 관계의 개선에 대해 토의하고 싶다고 발언했다. 그 배경에는 소련에 대해 강경한 자세를 보이는 레이건 정권의 등장으로 말미암은 미소 관계의 악화가 있었다.

중국 측은 당대회 후야오방의 보고에서, 소련이 중소 국경과 중국-몽골 국경에 대군 배치하고 베트남의 캄보디아 침공 지지했으며, 아프가니스탄 침공한 것을 예로 들면서, "만일 우리나라의 안전에 위협을 제거하는 실제적 조치를 취한다면 두 나라의 관계는 정상화로 나아갈 가능성이 있다"고 응수했다.

후야오방은 이 보고에서 대미 관계와 대소 관계에 앞서 대일 관계를 언급했다. 보고는 일본의 일부 세력이 군국주의 부활을 꾀하고 있는 위험성에 대해서도 언급했지만, 발언의 기조는 '평화우호, 호혜평등, 장기안정'이라는 3원칙을 바탕으로 관계 발전과 이익 공유를 호소하는 내용이었다. 즉 미국과 소련 두 초강대국과의 관계 조정이 시작되어 복잡해지는 정세 아래, 주요 과제인 근대화를 추진하는 과정에서 중국의 첫 번째 협력 상대는 바로 일본이었던 것이다.

경제 건설과 국방 건설 1985년 5월과 6월에 열린 중앙군사위원회 확대 회의에서, 덩샤오핑은 향후 '상당히 긴 시기에 대규모 세계 전쟁은 일어나지 않을 가능성'이 크다는 국제정세에 관한 인식(世界戰爭可避論爭)을 표명한다. 이어서 제3차 세계대전이 발생하지 않는다는 전제 하에, 국방비 억제와 병력 100만 명 삭감, 그리고 대규모 전면전쟁이 아닌 '국지전'(限定戰爭)을 염두에 둔 국방 전략으로 전환할 것을 지시했다.

국지전에서는 통상 전력의 질이 승패를 결정하는 중요한 요인이 된다. 군의 근대화를 추진하려면 무엇보다 군대의 '현대화와 정규화'(무기의 근대화와 조직의 전문직업 집단화)를 강화해야 한다. 따라서 여기에는 경제력과 기술력 향상이 필수이기에 경제 건설이 국방 건설보다 중요하다는 방침이 나왔다.

1980년에는 국방비 대폭 삭감과 함께 인민해방군의 영리적 생산경영 활동이 시작된다. 그해 4월, 중앙군사위원회는 군의 농업 부산물 생산 및 판매를 비준했고, 군이 경영하는 기업이 민간에 필요한 물품 생산을 통해 예산 외 수입을 확대함으로써 부족한 자금을 보완하도록 지시했다. 1984년 11월, 덩샤오핑이 군이 보유하고 있는 자원을 민생에 이용하라고 장려하면서 군의 영리적 생산경영 활동은 본격화된다. 1989년에 군의 경영 활동에서 얻은 이윤총액은 1984년의 7배까지 증가했다.

인민해방군의 생산경영 활동 범위는 농업 부산물의 상품화, 군 시설을 이용한 서비스업, 군이 경영하는 중소형 공장, 군수 관련 제품·병기 장비의 수리를 담당하는 기업 운영 등으로 범위가 넓혀져 군 관련 기업은 1~2만(5만이라고 하는 설도 있다)으로 늘었고 전체 고용 인원은 200만 명에게 이르렀다.

1980년대 중반, 군사 안보에 관한 폭넓은 재검토 작업이 진행되면서 군 자체의 개혁뿐 아니라, 국방 과학기술이나 방위산업을 포함한 근대화가 중국의 국가 전략 전반의 과제로 떠올랐다. 미래의 군대는 과학기술 집약 형태일 수밖에 없고 이를 뒷받침하는 군사 지출이 방대해지기에 경제적 요소가 더 한층 중요시되었다.

미군과의 협력 친타이완파인 레이건 대통령은 타이완 무기 제공에 대한 중국의 강력한 항의에도 불구하고 자신의 방침을 바꾸려 하지 않았다. 1981년, 헤이그 국무장관이 중국을 방문했을 때 중국 측은 ①미국은 타이완에 FX전투기 매각을 중단하고, ②타이완에 무기 수출을 '질적으로도 양적으로도' 과거의 수준을 넘기지 않으며, ③타이완에 무기 매각을 중지하는 최종 기한을 설정하라는 요구를 제기했다. 중국과의 관계를 배려한 미국은 무기 매각을 중단하는 최종 기한 설정은 거부했지만, 처음 두 가지 사항에 대해서는 양보했다.

더욱이 1983년에 와인버거 국방장관이 중국을 방문했을 때는 ①고위급 대화, ②군사 교류, ③군사기술 교류 등 이 세 가지 분야의 교류를 진척시키기로 합의했다. 1989년 천안문 사건이 터질 때까지 중국에 대한 미사일, 방공 시스템의 제공, 항공기 근대화 같은 분야에서 군사기술 협력이 이루어졌다.

1985년에 고르바초프가 소련공산당 서기장에게 취임하고, 브레즈네프 독트린을 재검토하면서 중소 관계는 호전된다. 미중·중소 관계가 개선되면서, 1988년에 덩샤오핑은 "국제정치 분야는 대결에서 대화로, 긴장에서 완화로 전환되고 …… 현재는 국제정치의 새 질서를 수립해야 할 시기"라고 발언했다. 1989년 5월, 고르바초프가 중국을 방문하여 두 나라는 평화 5원칙을 담은 '베이징코뮤니케'를 발표한다. 중소 관계의 개선은 덩샤오핑도 기대했지만, 페레스트로이카·글라스노스트를 추진하던 고르바초프가 민주화를 요구하는 학생들한테 인기가 있었던 것이 공산당 지도부, 특히 좌파들한테는 경계의 대상이었다.

2. 개혁과 개방

개방의 진전　계획경제에 관한 제도 개혁과 국민경제의 대외 개방은 경제 면에서 큰 효과를 발휘했다. 1979년 말, 덩샤오핑은 오히라 마사요시 총리와의 회담에서 20세기 말까지 GNP를 1980년의 4배로, 국민 생활을 '소강'(小康, 안정되고 어느 정도 여유가 있음) 수준으로 끌어올리는 것을 목표로 삼고 있다고 표명했다.

중앙과 협력하여 개방 정책의 맨 앞자리에 서 있던 지방 가운데 하나가 광둥 성이었다. 홍콩이나 마카오에 가까운 광둥 성은 수많은 화교의 출신지이기도 했으며, 무역과 외화 도입에 가장 적합한 지역이라는 인식 아래 그 우월성을 발휘하기 위한 방책이 검토되고 있었다. 1979년 4월의 중앙공작회의에서 시중쉰(習仲勳, 시진핑의 아버지인 그는 나중에 부총리로 승진했다) 제1서기는 광둥에 개혁과 개방에 관한 자주권을 부여하도록 당 중앙의 지도자에게 요구했고, 당 중앙과 국무원은 7월, 광둥과 푸젠 두 성에 특별 정책을 실행하여 대외경제 활동에 이니셔티브를 발휘할 수 있는 권한을 주었다. 그 밖에 경제 관리에 대폭적인 권한을 부여하는 조치에 대해서도 원칙적으로 동의했다.

역사적으로 되풀이해 온 북방 중앙정부와 남방 지방정부 사이의 긴장 관계를 돌이켜보면, 광둥에 자주권을 맡긴다는 건 크나큰 결단이 필요했다. 태평천국이나 쑨원(孫文)의 혁명 활동을 예로 들지 않더라도, 중화인민공화국이 성립한 뒤에도 광둥에 대한 중앙정부의 경계심은 강했다. 1950년대에 마오쩌둥은 광둥의 인사 등용을 지방주의라고 비판했고, 그때 처분을 받은 간부들의 명예회복이 1979년 10월이 되어서야 마침내 실현될 정도였다.

　　그럼에도 광둥에 특혜 정책과 경제상의 큰 자주권이 부여된 건, 광둥의 경제적 이점에 대한 중앙의 기대가 컸기 때문이다. 게다가 광둥 성과 푸젠 성이 경제 발전에 '한걸음 앞서간다'고 결정할 때, 중앙 지도자들의 염두에는 홍콩이나 마카오뿐 아니라, 타이완 통일 문제도 시야에 넣은 전략이 담겨 있었다. 타이완은 아시아 최초로 수출특구와 유사한 수출가공구(輸出加工區)를 개설했고, 당시 놀라운 경제 발전을 이룩하고 있었다. 덩샤오핑은 1980년대의 세 가지 주요 과제 가운데 하나로 타이완 통일을 주장했고, 통일을 위해서는 "경제 발전에서도 타이완보다 어느 정도 우위에 서야 하며, 이 점이 결여되어서는 안 된다"고 말했다.

보수 세력의 경계　　외자 도입과 경제특구 건설을 위한 제도적 준비가 진행되는 한편, 대외 개방 방침에 대한 불신감도 뿌리가 깊게 존재했다. 국내에는 좌파 사상의 영향이 남아 있었고, 그 입장에서 볼 때 특구 개설이나 상품경제의 도입은 자본주의가 아닌가 하고 문제시되었다. 특히 혁명의 역사와 민족해방의 역사를 분리할 수 없는 사회주의 중국에서, 지난날의 조계지를 연상시키는 특구나 외자 도입은 특히 민감한 반응을 불러일으킬 수 있는 문제였다.

특히 특구 설치 정책에 강한 경종을 울린 인물은 당 부주석 천윈이었다. 1981년 12월, 천윈은 지방 당위원회 제1서기들과 함께한 좌담회에서 이렇게 발언했다. "물론 원재료 가공이나 합병 경영은 현재 여러 지방에서도 실행되고 있지만 특구를 더 이상 증설해서는 안 된다. 원재료 가공은 하더라도 우리 제품이 위축을 받으면 안 된다. 광둥, 푸젠 두 성의 특구 및 각성의 대외 업무는 경험을 총괄해야 한다. …… 장쑤 같은 성에는 특구를 설치해서는 안 된다. 특구 설치의 유리한 면을 활용하는 것도 중요하지만, 특구를 설치함으로써 생기는 부작용에 대해서도 충분히 검토해야 한다. 예를 들면 인민폐와 외화를 동시에 유통시킨다면 인민폐가 불리하고 타격을 받을 수도 있다. …… 장쑤 성과 저장 성 일대는 역사상 투기 활동으로 유명한 지역이고 그 지역 악질분자들의 움직임도 잘 파악하고 있다."

천윈의 발언에서 언뜻 떠오르는 것은, 그가 중화인민공화국 건국을 전후해서 경제 혼란을 정돈한 가장 큰 공로자였다는 사실이다. 많은 간부들에게 반식민지 상태에서 벗어나 국민경제를 구축한 고심참담한 기억은 여전히 생생한 일이었다. 그런 의미에서 외자 도입으로 악몽이 다시 나타나지 않을까 하는 경계심은 좌파 사상 소유자들한테만 한정된 것이 아니었다.

정신오염 반대 운동   1983년 9월, 당 중앙과 국무원은 〈외자 이용 공작 강화에 관한 지시〉를 발표하고, 외자 이용과 선진 기술 도입을 추진하는 방침을 새로 정하게 된다. 같은 달 〈중외합자경영 기업법실시조례〉가 발표되어, 합작기업(合弁企業)에 '중국이 급수 물품 또는 수입이 필요한 물품'의 국내 판매가 허가됨으로써 국내 기업들은 경쟁에 직면하게 된다.

　10월에 개최된 제12기2중전회에서 중앙의 지시를 받아 시작된 정신 오염 반대 운동은, 개방 정책의 진전에 대한 반발의 표출이었다. 정신 오염으로 판단되는 현상으로는 첫째 만연하는 배금주의와 독직(瀆職), 둘째는 사회주의 비판이나 자유주의 사상(이른바 '부르주아 자유화' 경향)이며, 셋째는 서양 숭배주의의 출현이었다. 회의에서는 덩샤오핑의 제안으로 '사상전선 공작을 강화할 데 관한 회의'를 겨울과 봄에 개최한다고 결정하자, 여태껏 개혁과 개방에 신중했던 간부들이 적극적인 논자들에 대한 비판을 공개적으로 시작한다. 그 뒤로 정신 오염을 일소하는 대규모 캠페인은 후야오방에 의해 사회주의 정신문명을 건설하는 일상 활동으로 정착된다. 그 후에도 문제의 근원은 기업에 대한 권한 부여와 시장경제의 도입에 있다는 주장이 공개적으로 출판되는 등 그 영향은 오래갔다.

좌파의 공격　　정신 오염의 비판 대상은 개혁개방 정책 전체로까지 확대되었고, 특히 대외개방 정책이 공격의 주요 표적이 되었다. 중앙 지도자들의 지지 속에서, 정신 오염의 원인은 서양 자본주의 문화의 유입에 있다고 인식되었다. 2중전회에서 천윈은 국내 건설을 가속하기 위한 대외 개방은 긍정했지만, 한편으로 "대외 개방 후에 초래된 문제도 제대로 보지 않으면 안 된다"고 발언했다. 덩샤오핑까지도 "개방을 하지 않으면 안 되지만, 맹목적이고 무계획적이고 무차별적으로 (무엇이든지) 도입해서는 안 되며, 더욱이 자본주의의 부정적인 영향에 대해서는 단호히 저항하고 투쟁해야 한다"고 진술했다. 상술한 바와 같이, 개방 정책에 대한 비판을 접수할 수 있는 공간은 컸고 좌파가 끼어들 수 있는 틈도 많았다.

정신오염 반대 운동의 주도권을 잡은 인물은 좌파의 리더이며 당 중앙선전부장과 당 중앙서기처 연구실 주임을 겸임하고 있던 덩리췬이었다. 덩리췬은 그해 6월에 이미 정신 오염의 제거를 제창하고 있었다. 7월에는 자신이 주재하는 두 기관의 연명으로 〈애국주의 선전교육을 강화할 데 관한 의견〉을 발표했다. 여기서 덩리췬이 개방 정책을 '돌파구'로 삼은 첫 번째 공격 목표로 삼고 있었다는 사실을 알 수 있다.

덩샤오핑의 제1차 남방시찰 물론 덩샤오핑은 개혁개방 정책이 비판의 대상이 되고 있다는 사실을 간과하지 않았다. 정국 전환을 위한 덩샤오핑의 움직임은 비난이 집중되는 개방 정책에 대한 특별 조치로부터 시작된다. 1984년 춘절을 전후하여 덩샤오핑은 선전(深圳), 주하이(珠海), 샤먼(廈門, 아모이) 3개 특구와, 외국 선진 기술의 도입을 둘러싸고 물의를 일으켰던 상하이의 바오산제철소를 시찰했다(제1차 남방시찰).

당시 특구 설치에 대해 의심을 품고 반대하는 사람들이 나오면서, 특구 건설은 제동이 걸렸다. 이런 상황에서 측근인 왕전(王震)과 양상쿤(楊尙昆)을 거느리고 시찰에 나선 덩샤오핑은 "선전의 발전과 경험은 우리의 경제특구 설립이 옳다는 것을 증명하고 있다"고 발언하고, 특구의 진일보 발전에 대한 지지를 명확히 표시했다. 베이징에 돌아온 그는 중앙의 몇몇 지도자들을 모아 놓고, 특구를 설치하고 개방 정책을 실행하는 지도 사상은 '해방'(放)이지 '긴축'(收)이 아님을 명확히 인식해야 한다고 지적했다. 동시에 특구 이외에 몇몇 연안 항만 도시도 개방하여 부분적인 특구 정책을 실시하도록 지시했다.

제1차 남방시찰에서 두 가지 중요한 점을 관찰할 수 있다. 그중 하나는 세력 내부에서 특구나 대외 개방을 비판하고 견제하는 두 가지 입장이다. 즉 개방 자체가 자본주의를 초래한다는 보수적인 이데올로그를 비롯한 좌파들의 입장과, 개방의 필요성은 인정하지만 개방에 따라 국민경제의 건전하고 자립적이며 균형이 잡힌 발전이 혼란스러워지지 않을까 강하게 경계하는 계획경제론자들의 입장이다. 양자가 일정한 국면에서 제휴했고 그 결과로서 개혁개방의 브레이크 역할을 한 것이다.

다른 하나는 정신오염 반대 운동의 추진과 억제 과정에서 드러난 덩샤오핑의 사고방식이다. 덩샤오핑은 공산당의 지도적 지위에 도전하는 '부르주아 자유화'에 대해서는 좌파와도 동조하는 듯 강렬한 반응을 내비쳤다. 그러나 덩샤오핑에게 경제 건설은 지상의 과제였으며, 눈에 보이는 성과를 올렸다고 생각되는 방법(또는 인물)을 적극적으로 지지하는 경향이 있었다. 1984년 6월에 그는 확실히 밝혔다. "물론 외자의 도입은 몇 가지 문제를 불러올 지도 모른다. 하지만 외자를 이용하여 발전 속도를 높일 수 있는 장점에 비하면, 이에 의해 초래될 단점은 결국엔 훨씬 작다." 덩샤오핑은 분명히 평등보다는 개발 중시형 사회주의자였다.

덩샤오핑의 제1차 남방시찰을 계기로 정국은 바뀌게 된다. 개혁개방 정책에 다시 박차를 가하고 1984년 10월의 제12기3중전회에서는 '중공 중앙의 경제체제 개혁에 관한 결정'이 결의된다. 이 결정에서는 체제 개혁의 청사진이 제시됨과 동시에 중국 경제에 관한 여러 규정이 변경되었다. 즉 시장경제라고까지 불리지는 않았지만, 천원의 주장한 '계획경제를 주(主)로 시장 조절을 보(補)로 한다'에서 '계획적인 상품경제'로 시장화를 진척하는 큰 걸음을 내딛는다.

덩샤오핑의 신임을 얻고 개혁과 개방의 진척을 이끌어간 인물은 후야오방 총서기와 자오쯔양 총리이었다. 두 사람 모두 개혁 지지파로서 유명한 지도자이지만, 말과 행동이 대담한 후야오방에 비해 자오쯔양은 좀 더 신중한 어프로치를 채용했다.

자오쯔양의 눈에 후야오방의 스타일에는 경솔함도 있다고 보였고, 반대로 후야오방의 눈에는 자오쯔양이 지나치게 보수파를 의식하고 있는 것으로 비쳤을 것이다. 이 두 사람이 취한 서로 다른 접근 방식은 성격의 차이에 더해 경력의 차이에서 생겼을지도 모른다. 후야오방이 공산주의 청년단(공청단) 제1서기 같은 직무를 맡으며 젊은 시절부터 중앙에서 인맥을 쌓아 온 데 비해, 자오쯔양은 지방에서 실적을 올려 출세한 인물이며 후야오방보다 주위의 눈치와 기색에 민감했다. 그 밖에도 두 사람 사이에는 리더십 스타일 차이에 더해 정책상 의견의 불일치가 존재했다.

세 가지 입장　　개혁개방에 대한 태도나 자세에서 계획경제를 고수하는 세력은 보수파이고 시장화를 진척하려는 세력은 개혁파로 간주된다. 또 계획파는 중앙주의, 개혁파는 지방주의라는 두 가지 대립적인 견해가 일반적이다. 그러나 실제로는 2원론적인 견해로 설명할 수 없는 정책 차이가 존재했다. 실정을 이해하기 위해서는 정책적 입장에 따른 이념을 세 가지로 분류할 필요가 있다.

첫 번째는 끝까지 계획경제가 주도해야 하며 시장경제를 보충이라고 주장하는, 중앙주의적이며 계획경제를 중시하는 입장이다. 예를 들면 천원 같은 중앙통제파이다. 두 번째는 시장화를 추진하고 경제 활성화를 위하여 지방분권을 실시해야 한다는 지방주의와 시장경제를 중시하는

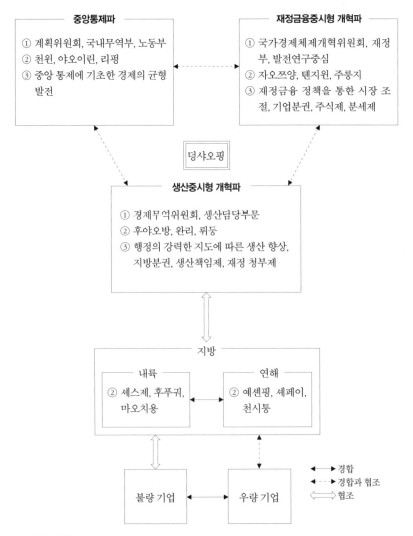

세 가지 이념형.

①기반관료조직, ②대표적인 인물, ③주요한 정책.

재정금융중시형 개혁파와 생산중시형 개혁파는 계획경제의 개혁(시장화)을 공통적으로 지향한다. 재정금융중시형 개혁파와 중앙통제파는 수단은 다르지만 모두 중앙의 통제를 통한 균형발전을 중시한다. 생산중시형 개혁파와 중앙통제파는 계획경제 관료기구의 유지에 이해(利害)를 공유한다. 즉 세 계열은 3자 견제 관계로 안정된 삼각 구도를 형성하고 있다. 그 중심에 덩샤오핑이 있고, 덩샤오핑은 상황에 따라 위치를 옮긴다(가담하는 정책적 입장을 바꾼다). 출전:《国際問題》1994년 1월호 입장이다. 예컨대 후야오방 같은 생산중시형 개혁파이다. 세 번째는 기업의 분권과 철저한 시장화를 외치면서 거시적인 균형을 중시하는 중앙주의와 시장경제를 중시하는 입장이다. 자오쯔양 같은 재정금융중시형 개혁파가 대표적인 인물이다.

기업 개혁과 재정 개혁 입장의 차이는 기업 개혁이나 재정 개혁을 둘러싼 논의 과정에서 정책의 차이로 표출되었다. 기업 개혁은 기업을 정부에서 분리시켜 독립적이고 자율적인 경제 주체로 만드는 것을 목표로 하는데, 기업의 이윤 분배를 둘러싸고 정책상의 논쟁이 일어났다.

그 쟁점 가운데 하나가 이윤상납 청부제와 법인세제 중에 어느 쪽을 채용하는가 하는 문제였다. 이윤상납 청부제란 기업이 정부와 사전에 교섭하여 정해진 이윤상납 액수를 청부맡고, 상납 액수를 초과한 이윤에 대해 모두 아니면 일부를 보류할 수 있는 방식이다.

재정 개혁에 관해서는 중앙과 지방 사이에 어떠한 재정 관리가 가장 바람직할 것인지가 초점이 되었다. 중앙에 재정이 충분하다면 가난한 지방에 재정을 이전하여 국민경제 전반을 내다보는 재분배가 가능하지만, 중앙에 권력이 지나치게 집중되면 오히려 일부 잠재력 있는 지방의 활력을 저해하는 문제가 생긴다. 재정 제도에 관해서 주로 세 가지 사고방식이 존재했고 그 채용을 놓고 논의되었다.

첫 번째 제도 안은 총액분할제로서 재정 수입을 크게 중앙재정 수입과 지방재정 수입으로 나누고, 그중 지방의 재정 수입을 중앙상납과 지방유보에 일정한 비율로 분할하는 방안이다. 두 번째는 재정 청부제이다. 지방이 고정 또는 일정 비율로 점차 늘어나는 상납 액수를 떠맡고,

이를 초과해서 달성한 재정 수입에 관해서는 지방에 보류할 수 있다는 제도이다. 세 번째는 분세제(分稅制)로, 재정 수입을 중앙 고정수입과 지방 고정수입, 그리고 중앙과 지방이 일정 비율을 놓고 분할하는 공유수입, 세 가지로 분류하는 제도이다.

이개세(利改稅) 제도 1983년부터 시작된 '이개세'(利改稅, 이윤을 세금으로 바꿈)의 도입은 이윤상납 청부제를 법인세제로 전환하는 것을 목적으로 했다. 이 시기에 경세정책을 주관한 인물은 자오쯔양이다. 그는 1980년에 복구된 당 중앙재경영도소조 조장에 취임하고, 1982년 3월에 경제체제 개혁을 종합적으로 지도할 목적으로 설립된 국가경제체제개혁위원회 주임을 겸임했다.

국무원과 재정부는, 여태껏 실행해 온 이윤상납 청부제에 관해서 기업과 기업을 관할하는 주관 부서(정부 부문)가 자의적으로 청부 액수를 정해 왔다고 비판했다. 이윤은 먼저 주관 부서에 상납되지만, 기업이 실제로 창출할 수 있는 이윤이 지정한 청부 액수에 달하든 못하든 상납해야 하는 상황이 대다수이었다. 재정부는 법인세제를 도입하여 세율을 정하는 것으로 주관 부서와 기업의 유착 관계을 끊고, 주관 부서가 행사하는 영향력을 약화시키려고 한 것이다.

공장장책임제 국유기업의 지도 체제에 대한 개혁도 1980년대에 이루어졌다. 마오쩌둥 시대 국유기업의 경영이나 간부의 임면은 주관 부문의 '당조직'(黨組)이나 기업 당위원회의 지시를 받았다. 제11기3중전회 직전의 중앙공작회의에서 국유기업 활성화를 위해 "당의 일원적인 지도 아래 당조직이나 행정과 기업의 불분리, 당과 정부의 불분리 문제를 해결하고, 책임분담 제도를 실행하고, 관리 기구와 관리자의 권한과 책임을 강화해야 한다"고 제기되었다. 경제 활성화를 위한 '정부와 기업의 분리'(政企分離)나 '당과 정부의 분리'(黨政分離)를 추진하려는 것은 덩샤오핑의 생각이었다.

덩샤오핑의 제안을 받고 개혁파가 공장장한테 생산과 경영에 관한 전반적인 책임을 지게 하는 '공장장책임제'를 도입하려는 움직임에 대해, '당위 영도 아래의 공장장책임제'를 폐지하면 기업에 대한 당의 지도력이 약해진다는 이유로 당내에는 반대 의견이 여전히 많았다. 베이징 시에서는 일부 기업들이 '공장장책임제'를 실시했지만, 당 내부의 의견은 통일되지 않았다. 1981년 7월, 중앙정부는 〈국영공업기업직공대표대회 잠행(暫行)조례〉를 채택하여, '당위 영도 아래의 공장장책임제'를 유지하면서 생산 경영 면에서 공장장의 권한을 강화시키려 했다.

조례는 공장장의 생산·경영 지휘권은 명기했지만, 인사권은 공장장이 아닌 기업 당위원회에 있고 ('당이 간부를 관리한다'는 조직 원칙을 타파할 수 없었기에) 또한 경영 면에서도 '중대 문제'로 간주하는 문제에 대해서는 기업 당위가 결정하게 되어 있어, 사실상 당위의 경영 활동 관여는 막지 못했다.

하지만 공산당 내부에서는, 개혁파 젊은 간부들한테 좀 더 큰 권한이 주어지면서 '공장장책임제'의 도입이 적극적으로 추진되었다. 1983년, 중앙정치국 상무위원회는 '당위 영도 아래의 공장장책임제'로부터 '공장장책임제'로 이행할 방침을 결정했고, 이듬해 5월 자오쯔양은 '공장장책임제'를 국유기업에도 점진적으로 도입한다고 발표했다. 공장장은 경영의 최고 책임자로서, 국가(정부)의 위탁을 받고 기업의 생산과 경영, 행정관리 업무 전반을 책임지게 되었다. 공장장의 역할에 비추어 기업

당위원회의 역할은, 기업에서 당 정책과 법률의 실행 정황을 감독하고 기업 경영이 사회주의적 지향성을 보증하는 것으로 적어도 제도상에서는 역할이 한정되었다.

세제의 좌절 하지만 국내의 경제체제 개혁은 1985년에 암초에 부닥치고 만다. '경제체제 개혁에 관한 결정'에 따라 금융 개혁과 임금 개혁은 시작되었지만, 기업의 독립 법인화와 가격 개혁이 따라가지 못했다. 국유기업을 비롯한 여러 기업은 대차대조표를 고려도 하지 않은 채 마치 경쟁이라도 하듯 자금을 차입하고 임금 인상에 몰두했다. 그 결과 경제는 과열되고 도시 주민의 소비재 가격 상승률은 전년 2.7퍼센트에서 11.9퍼센트로 급등했다.

자오쯔양을 필두로 하는 재정금융중시형의 개혁파가 도입한 이개세 제도에 대한 지방의 저항은 컸다. 예를 들어 광둥 성과 지린 성은 여전히 실질적인 청부제를 실시했고, 베이징 시는 당초엔 세금 제도를 도입했지만 1985년부터 청부제를 복귀시킨다. 전국적으로 설정된 세율이 너무 높아 오히려 기업의 생산 의욕을 억누르는 결과를 초래하여, 1985년과 1986년의 기업 이윤은 20개월 연속 하락했다. 결국엔 국가경제위원회가 청부제를 전국적으로 광범히 실시해야 한다고 국무원에 제안했고, 기업의 수익이 재정에 영향을 주는 점을 감안하여 자오쯔양도 타협하여 제안을 받아들이게 된다.

국면 타개 시도 1986년, 개방과 개혁 두 방면에서 새로운 정책 방향이 정해졌다. 먼저, 개방 정책에서는 선진 기술의 도입과 수출 확대로 이어지는 외국자본에 초점을 맞추어 그 도입을 위한 일련의 조치가 시행되었다. 선진 기술의 이전 또는 제품의 수출을 조건으로 합병 기간을 50년까지 연장하거나, 합병이 아닌 100퍼센트 외자 기업을 허가하는 '외국인투자기업법'을 제정하고, 종업원에 대한 보조금, 토지 사용료 · 법인세의 감면, 공공 서비스의 우선적 이용 같은 구체적인 조치 였다. 또한 부문 간 조정 기관으로 국무원 외국투자공작영도소조가 설립되어 지방마다 '외자 장려 규정'을 정했다.

체제 개혁에서는 청부제나 리스제, 주식제를 비롯하여 기업의 법인세 제를 대체하는 여러 가지 제도가 여러 지방에서 시험적으로 도입되는 한편, 정체된 경제를 타개하는 수단으로서 정치체제 개혁이 일정에 올랐다. 마오쩌둥 타계 후, 덩샤오핑은 경제 개혁뿐 아니라, 정치 면에서도 각급 당위원회의 의사 결정의 민주화나 제도화등 부분적인 개혁을 주장해 왔다. 하지만 화궈펑으로부터 실권을 찾아오면서 정치개혁에 관해서는 언급하지 않았다. 그러나 개혁을 추진하는 과정에서 정치제도의 개혁 없 이는 경제 제도의 개혁에도 한계가 있다고 인식한 덩샤오핑은, 1986년 부터 다시 정치개혁에 대해 언급하기 시작한다.

덩샤오핑은 그해 상반기의 경제성장이 정체된 원인이 인위적인 면에 있다고 보았다. 이는 기업에 부여한 권한을 지방정부가 회수해 버린 결 과이고, 기득권을 가진 인적 장애를 제거하지 않으면 경제개혁은 진전이 없다고까지 발언한다. 기업의 독립 법인화와 정부의 직무능력 전환 문제 는 1992년에 대대적으로 제창되지만, 이 문제가 개혁의 관건이라는 사 고방식이 이미 이 시기에 정치개혁을 추진하는 주장으로 나타났다.

그러나 당시 정치개혁 논의의 '해금'(解禁)은 리스제나 주식제의 검토와 함께, 좌파나 계획경제론자들의 강한 경계심을 불러 일으켰다. 본디 개방 정책의 폐해에 대응하기 위해, 1986년 당의 주요한 활동에는 제12기6중전회를 개최하여 정신문명 건설을 결의한다는 의제가 일찍부터 정해져 있었다(이 회의는 9월 말에 개최된다). 마치 이러한 보수적인 움직임에 정면으로 대항하듯이 단순한 경제개혁의 수단이 아닌 정치의 민주화나 공개화를 요구하는 논의가 이 시점에서 재개된 데 대하여, 일부 보수파는 이야말로 개방 정책의 꺼림칙한 부산물인 '부르주아 자유화'라고 간주했다.

정국이 긴장 상태가 높아진 이 시점에서, 당시 후야오방 당 총서기는 일본의 나카소네 총리와의 좋은 관계를 이용해 '개방의 좋은 측면'을 호소하려고 했다. 6중전회 직전에 나카소네는 후야오방 총서기의 개인적인 초대를 받게 된다. 그는 11월에 중국을 방문하여 중일청년교류센터 준공식에 출석하고, 중국 청년들을 해마다 100명씩 5년 동안 초대하며 제3차 엔 차관의 제공을 검토하는 등 약속을 했다. 그러나 같은 달에 터진 학생 시위가 점차 일당지배 체제에 대한 비판으로 치달았고, 후야오방은 이런 '부르주아 자유화' 경향에 연약한 자세를 보였다는 이유로 1987년 1월에 총서기 직위에서 해임된다.

3. 개혁 구상의 좌절

덩샤오핑의 목적　　덩샤오핑이 정치개혁의 필요성을 언급한 목적은 관료
주의를 타파하여 기업이나 대중의 활동을 활성화하
고, 또한 분권화와 제도화를 진척하여 경제개혁의 정체를 타개하는 데
있었다. 그 최종 목표는 어디까지나 행정 개혁을 수단으로 효율을 향상
시키는 것이었다. 그는 공산당 독재의 유지를 중시했고, 이를 위협하는
정치적인 자유나 삼권분립제의 도입 등을 부르주아 자유화라고 부르며
강하게 반대했다. 1987년 초 후야오방 총서기를 해임한 가장 큰 이유도
후야오방이 부르주아 자유화를 억제하기 위한 대책에 열중하지 않았던
점이었다.

　후야오방를 대신해서 총서기 대행으로 기용된 인물은 자오쯔양 총리
였다. 덩샤오핑은 자오쯔양을 통해 개혁개방 정책은 변경이 없다는 메시
지를 나라 안팎에 호소했다. 가을에 열리는 제13회 당대회를 염두에 둔
덩샤오핑과 자오쯔양은 부르주아 자유화 반대의 움직임이 경제 영역에
까지 확대하는 것을 신속히 봉쇄하여, 후야오방 실각의 영향으로 개혁개
방 정책이 정체되는 것을 막았다.

1987년 가을에 개최된 제13회 당대회에서 자오쯔양은 총서기대행에서 정식으로 총서기에게 취임하고, '사회주의 초급단계론'과 '하나의 중심, 두 개의 기본 점'을 제창했다. 사회주의 초급단계론이란, 중국은 생산력이 뒤떨어지고 상품경제가 발달하지 못한 발전의 초기 단계에 있는 사회주의이며, 상당히 긴 시간에 걸쳐 여러 나라들이 자본주의의 조건 하에서 완수한 공업화와 생산의 상품화, 사회화, 현대화를 실현해야 한다는 사고방식이다. 이는 개혁과 개방을 정당화하는 내용이었다. '하나의 중심'이란 바로 '경제 건설'을 말하며, '두 개의 기본 점'이란 네 가지 기본 원칙과 개혁개방을 가리킨다. 이로서 부르주아 자유화를 막는 한편, 개혁개방 정책을 밀고 나가 경제성장을 실현하는 것이 당의 기본 노선으로서 확인되었다.

자오쯔양의 노력 덩샤오핑이 정치개혁안을 작성할 책임자로 지명한 자오쯔양은, 경제개혁의 정체뿐 아니라 개혁개방 정책으로 인해 조금씩 변해 가는 사회의 새로운 상황에 착안했다. 즉, 시장화에 의해 사회의 이익이 다원화되고 사람들의 의식이 다양화되는 사태에 출발하여, 이익의 표출과 집약, 조정을 위한 정치제도를 구축할 필요성을 인식했다.

자오쯔양은 이익집단을 조직화하고 체제 안으로 흡수하는 데 힘을 쏟으려 했다. 예를 들면, 자오쯔양의 제안으로 1986년 말에는 전국개체노동자협회가 설립되고 협회 간부가 전인대의 대표로 선출되었다. 그 밖에도 선거제도를 확충하여 개혁 지지 세력을 강화, 독직 부패 대책으로 간부에 대한 미디어의 감시, 그리고 개혁이 멈춰 있는 것에 불만이 있는 지식인들의 정치 참가 허가, 당과 지식인들의 관계 개선 등을 고안했다. 자오쯔양은 공산당과 사회 여러 세력의 협상(협의)을 중시했다고 말할 수 있다.

1987년 제13회 당대회에 제시된 정치개혁안에는 획기적인 내용이 담겨 있다. ①당과 정부의 분리, ②진일보의 권한 하방(下放), ③정부의 기능 전환(기업에 대한 직접 관리의 취소), ④간부 인사제도의 개혁(공무원 제도의 수립), ⑤지도 기관과 대중의 협의 대화 제도의 수립, ⑥사회주의 민주정치의 제도 정비(인민대표대회의 개선, 노동조합의 자주권 강화 등), ⑦사회주의 법체계 건설의 강화, ⑧당내 민주의 확대와 제도화 등이다. 이 개혁안은 원안대로 채택되지만, 중국 정치의 관례로 볼 때 결정된 정책이 꼭 집행된다고는 할 수 없었다.

좌절된 개혁 당대회 후, 정부 기관에 설치되어 있던 '당조'(黨組)라는 의사결정 조직을 폐지하는 등 몇 가지 조치는 실행에 옮겨졌다. 그러나 결과적으로 대부분의 정책은 형식으로 끝났다. 가장 큰 원인은 기득권 침해에 대한 당 내부의 완강한 반발이었다. 예컨대 인사권을 장악하는 중앙조직부는 공무원 제도를 실행하는 조건이 구비되지 않았다고 주장했다. 또한 당정 분리에 따른 당 조직 또는 직위의 해체에 대하여 중앙과 지방에서는 반대의 목소리가 높았다. 이에 더해 당시 강한 발언력을 갖고 있던 혁명 원로들은 공산당의 독재를 조금이라도 뒤흔들 수 있는 조치에 대하여 크게 경계하고 있었다.

이 밖에 물가 상승, 연해와 내륙의 격차 확대 등도 개혁에 대한 비판으로 연결되었다. 1988년 봄에 개최된 전인대에서는 물가 상승에 대한 불만이 컸다. 인플레는 점점 높아져 7월에 19.3퍼센트, 8월에는 23.2퍼센트의 물가 상승률을 기록했다. 지방정부의 압력을 받아 지방마다 각종 재정 청부제가 도입된 것도 그 배경이 되었다. 여러 지방에서는 이윤이 높은 경공업이나 가공업에 대한 투자가 과열되고, 국가의 보조금을 믿고 의지하는 기업들은 보너스를 남발했다. 더욱이 물자의 이중가격 제도와 특권을 이용해서 간부 브로커가 횡포를 부리는 사례도 나타났다.

게다가 5월 이후, 덩샤오핑이 가격 개혁을 앞당겨 단행해야 한다고 주장하여 여름에 '가격 · 임금 개혁 5개년계획'이 발표되자, 이 소식에 놀란 시민은 상품의 사재기와 예금 인출에 분주했나. 이렇게 여러 가지 요인이 겹친 결과 물가가 1988년에 전년 대비 18.5퍼센트로 급상승했다.

천안문 사건 1989년 4월, 후야오방의 타계를 계기로 학생들과 시민들 사이엔 자발적인 추도 활동이 일어났고, 이 움직임은 점차 민주화를 요구하는 운동으로 발전했다. 대규모 시위가 발생했고, 천안문 광장에는 항의 집회가 벌어졌다. 이런 사태가 벌어진 배경은 바로 그 전해부터 드러난 경제개혁의 정체였다.

1988년 가을부터, 경제정책 결정의 주도권은 계획경제론자인 리펑(李鵬) 총리와 야오이린(姚依林) 부총리의 손에 넘어갔다. 이 밑에서 계획적인 방법을 통한 경제 관리의 강화와 재정 금융의 긴축이 실시된 결과, 당분간 물가의 상승과 경기의 침체가 병존하는 스태그플레이션이 발생했다. 한편, 일부 학생들이나 지식인들은 지지부진한 정치개혁에도 강한 불만을 품고 있었다. 특히 이중가격 제도를 악용하여 통제 가격이 싼 물건을 높은 시장 가격으로 팔아서 돈벌이를 하는 '관다오'(官倒)라는 브로커 행위에 비판이 집중되었다.

1989년 4월 26일《인민일보》는 사설을 발표하여, 학생들의 항의 활동은 반당·반사회주의의 폭동이라고 단정했다. 이에 반발한 학생들의 움직임은 더 한층 열기를 띠었다. 그 사이 베이징에서 5월 4일에 아시아개발은행이사회가 열리고 15일부터 고르바초프 서기장의 중국 방문이 있었지만, 사태는 수습되지 않았고 혼란이 계속되었다. 사태가 수습하지 못한 가장 큰 원인은 대응 방법을 둘러싼 지도부 내의 의견 분리였다.

대화를 통한 온화한 해결을 주장한 자오쯔양이나 후치리(胡啓立)와는 반대로, 덩샤오핑이나 리펑, 요이린은 강경한 탄압을 주장했다. 다수의 지도자들은 속으로는 자오쯔양의 주장에 찬성하면서도, 최고지도자인 덩샤오핑의 위신을 지키는 것이 당의 권력과 질서를 유지하는 데 중요하다고 생각했다. 결국 권력투쟁에서 강경론자의 승리를 배경으로, 6월 4일에 천안문 광장에 대한 계엄령이 발표되어 계엄군이 천안문 광장을 제압한다. 결과 천안문 광장에 진군하는 것을 막으려고 나선 시민·학생들과 계엄군이 충돌했다. 당국에서 발표한 통계에 따르면, 2백 몇 십 명의 사망자와 1만여 명의 부상자가 나왔다. 이른바 '천안문 사건'이다(6·4사건 또는 제2차 천안문 사건이라고도 한다). 사건 후 자오쯔양은 시민과 학생들을 지지한 책임을 지고 당의 모든 직무에서 해임되어 실각한다.

천안문 사건 후 덩샤오핑도 더는 당정 분리에 대해 언급하지 않았다. 이미 해체됐던 정부 기관의 당조가 부활하고 노동조합 등 조직들의 당으로부터 자립이 부정되었다. 1990년대에 실시된 공무원 제도는 1987년의 구상 단계에서 목표로 했던 정치적 중립과는 거리가 먼 내용이었다. 정치개혁은 거의 정지 상태에 빠졌다.

천안문 사건은 국제사회에서 중국의 이미지를 단숨에 악화시켰고, 선진7개국회의(G7)는 중국에 대한 제재를 결정했다. 이에 대해 중국은 서방의 여러 나라가 중국에 대한 '평화연변'(和平演邊, 평화적 수단을 통한 체제 전복)을 꾀하고 있다고 비난했다. 더욱이 베를린 장벽의 붕괴로 시작된 동유럽 국가들과 소련의 민주화는 중국의 고립감과 위기감을 더한층 짙게 했다.

원로 그룹의 움직임 여기까지의 내용을 총괄하면, 지방 간부의 기득권 집착을 하나의 요인으로, 제후 경제라 불리운 지방의 독립 경향과 행정·기업 사이의 유착이 계속되는 한편 다원화된 사회 내부의 이익 충돌이 현지해졌다. 이런 문세에 내해 후야오방이나 자오쯔양은 경제개혁의 활로를 대외 개방 확대와 정치개혁에 기대했지만, 이는 덩샤오핑 자신의 의지이기도 했다.

그러나 중앙에서 말단까지, 당과 정부의 간부들은 권한을 빼앗기지 않으려고 강하게 저항했기에 경제개혁도 정치개혁도 핵심적인 부분에서는 진척이 없었다. 여기에 불만을 가진 학생들이나 시민들이 항의하자, 두 총서기는 대응의 소홀함이 문제가 되어 실각했다. 좌파와 계획경제론자의 연합에 덩샤오핑을 비롯한 많은 원로들이 편을 들었다.

원로 그룹의 특징은 시장화와 대외 개방에는 기본적으로 찬성하지만, 공산당의 일당 독재를 위협하는 '부르주아 자유화'에는 강력하게 반대하는 이른바 '독재중시형' 정치개혁론자들이었다. 원로들은 정치개혁은 어디까지나 행정의 효율을 높이고 관료주의를 타파하여 대중의 의욕을 환기시키는 데에 한정하여 불가피하다고 인식하고 있었다.

그러나 자오쯔양 등은 개혁의 결과로서 발생한 이익집단과 그 사이 이해 조정을 위한 정치제도 구축, 그리고 이를 통해 당 권력의 상대화는 불가피하다고 인식하고 있었다. 그런 의미에서 이들은 이른바 협상중시형 정치개혁론자였다. 하지만 정국에 관계없이 영향력을 갖고 있는 군에

기반이 없었기에, 이들은 저항 세력을 압도하여 당내에서 주류 세력이
될 수 없었다.

개혁개방의 위기 　제2차 천안문 사건 이후에도 중국 지도부는 개혁개방
의 견지를 대내외에 호소했다. 하지만 이 사건을 기회
로 대두하던 좌파 사상은 막을 수 없었다. 덩샤오핑의 지명으로 총서기
에 취임한 장쩌민은, 당시 정치 상황에서 시민들의 소득 격차 확대를 문
제로 삼는 평등중시형 당 지도자로서 데뷔했다. 하지만 현실은 정치개혁
이 사실상 정지되고 교조주의적인 정치교육이 실행되는 한편, 경제 면에
서는 향진기업이나 개인 경영에게 대한 관리가 강화된다.

　또한 '화평연변'에 대한 경계는 새 지도부의 가장 큰 관심사로 떠올랐
고, 개혁개방 이후 사회의 주요 모순이 아니라고 여겨진 국내의 계급투
쟁 견지와 '화평연변'은 결부되어 논의되었다. '화평연변'의 앞잡이 역할
을 하여 계급의 적이라는 딱지가 붙을지 모른다는 공포가 외자 도입에
대한 당 간부들의 적극성을 머뭇거리게 했다. 또한 국제사회로부터 차관
중단 등 경제 제재까지 더해, 개혁개방 정책의 변경을 두려워한 외국자
본의 철수나 프로젝트가 중단되는 일이 많았고, 중국의 대외 개방은 큰
위기를 맞게 된다.

개방 없이는 　이러한 사태에 직면한 덩샤오핑은 개방을 촉진할 목적으
발전도 없다 로, 1989년 후반에 "개혁 지도 그룹과 개방 지도 그룹은
개방에 관한 사항을 명확한 형식으로 실행하지 않으면 안
된다. 나는 과거에 여러 개의 홍콩을 더 만들지 않으면 안 된다고 말했
다. 그 말은 우리가 지금보다 더 많이 개방해야 하고, 개방이 없이는 발

전도 없다는 뜻이었다"라며 상하이나 선전의 지도자들을 고무시켰다.

당시 상하이 시장이던 주룽지(朱鎔基)는 같은 해 10월 "개혁개방을 더욱 추진하는 것이 상하이 경제의 역경을 탈출하는 유일한 길이다"라고 표명하고, 이듬해 1990년 봄에는 푸둥(浦東) 지구 개발 구상에 관한 국가 지원을 확보했다. 한편 선전(深圳)은 1997년의 홍콩 반환을 염두에 두고 국제시장과의 일체화를 목표로 하는 대담한 개혁의 청사진을 1990년 2월의 경제특구 공작회의에 제출했다. 하지만 입법권 부여, 특구 통화 발행 같은 제안은 중앙에 의해 각하되었다. 상하이와 신전에 대한 중앙의 대응에 차이가 생긴 원인 가운데 하나는, 국유 대형 기업을 중심으로 양쯔 강을 거쳐 내륙에 파급되는 경제적 효과가 기대되는 상하이를 우선하는 계획경제론자의 발상이 있었다.

그러나 광둥 성을 비롯한 연해 지역이 일제히 타이완 기업에 대한 우대 정책을 실시하여, 1989년 가을부터 주로 광둥을 대상으로 한 타이완 기업들의 중국 투자 붐이 일어난다. 마침 타이완도 역내 경제의 구조 개혁에 직면하고 있던 시기와 맞물려 있었다. 정체되었던 외자 도입은 남방에서부터 빠른 속도로 활성화되어, 1990년에는 직접투자 계약 건수와 금액 모두 최고를 기록했다. 또한 국가 주도의 수입 긴축과 수출 촉진이 효과를 보아 1990년의 무역 수지가 7년 만에 흑자로 돌아섰다.

좌파의 공세 그렇다 하여 좌파의 공세가 멈춘 것은 아니었다. 특구나 외자 도입, 시장 메커니즘의 활용을 자본주의로 간주할 뿐 아니라 개혁개방을 자본주의의 도입이라고 부르고, '화평연변'의 주요한 위험은 경제 영역에서 온다는 주장이 침투했다. 농촌에서는 생산수단의 재집단화가 실행된다는 소문이 퍼져, 어린 나무를 뽑아내고 소나 농

기구를 팔아 버리는 농가들도 속출했다.

1990년 중반, 실제로 재집단화를 의도한 〈농업합작화 장정(章程)〉이 정치국에서 토의되지만 결과적으로는 부결된다. 하지만 노동자에 대한 평가에서, 정치사상을 평가 기준의 하나로 부활시킨 〈노동자평가 조례〉(工人考核条例)가 국무원 상무회의에서 통과되었다. 또 1990년 후반 고비를 맞은 제8차 5개년계획의 제정 과정에서, 국무원이 제시한 초안은 더딘 성장과 불충분한 개혁으로 덩샤오핑의 불만을 샀다.

특히 1991년 8월 소련에서 발생한 보수파의 쿠데타가 실패한 뒤로 좌파의 위기감과 공세는 강해졌다. 덩리췬은 사회주의 사회의 계급투쟁을 소유제와 결부시켜 공유제와 외자, 개인 경영 등 사유제 사이엔 모순과 투쟁이 존재한다고 역설했다. 나아가 문혁기와 같은 어조로, 이런 모순은 사회주의의 길과 자본주의의 길 사이 모순이며 이런 현상이 당내에 존재한다고 주장했다. 또한 12월에 열린 전국 조직부장 회의에서 다음해 당대회의 인사 정책이 검토되었지만, 회의에서 결정된 간부 선정의 첫 번째 기준이 된 것은 사회주의와 당의 영도에 대한 충성 그리고 천안문 사건 때의 언동이었다.

덩샤오핑의 정치력 하락

덩샤오핑은 1990년 말에 보이보(薄一波) 등 원로의 입을 빌려, 1991년 봄에는 상하이의 당위원회 기관지《해방일보》를 통해서 여론 형성을 시도했다. 덩샤오핑의 발언은 '황푸핑'(皇甫平)이라는 필명을 사용한 세 명의 기자들에 의해 정리되어, 몇 차례 나누어 신문에 발표되었다. 그러나 덩샤오핑의 관점을 널리 전파하려던 움직임은 중앙 선전 부문을 장악하고 있는 좌파에 의해 봉쇄된다.

개혁개방이 진행되어 10년이 지났음에도 어떻게 좌파나 계획경제론자가 이 정도까지 뿌리 깊은 힘을 보유할 수 있었던 것일까? 그 배경에는 중국공산당의 민족해방 투쟁사, 개혁개방과 함께 나타난 부패, 풍기혼란, 일당독재에 대한 도전이나 기득권이 박탈되는 데 대한 당 간부들의 경계심, 그리고 소련·동유럽의 체제 전환에 대한 위기감 같은 요인이 있었다.

이 밖에 당과 정부의 관료제와 관련된 구조적인 요인도 간과할 수 없다. 즉 선전 부문이나 조직 부문에 속하는 진국의 '정치공작 산부'와 해체되지 않고 잔존하는 계획경제 기구 관료들이 당과 정부의 뼈대로 무시할 수 없는 세력을 형성해, 이른바 중국공산당의 보수 본류로서 지도층에 있는 좌파와 계획경제론자의 방패가 되었다.

3장

중국 사회주의의 변화

1992~2002

1. 남방담화와 주룽지의 개혁

건곤일척의 남방담화

1992년 초, 덩샤오핑은 상하이에서 우한(武漢)을 경유해 광둥 성의 경제특구를 시찰한다(제2차 남방시찰). 그는 지방 간부들한테 대담하게 개혁과 개방을 가속화하도록 강하게 호소했다. 일부러 광둥 성까지 발길을 넓힌 이유는, 그 전해에 상하이에서 발신한 같은 내용의 메시지가 중앙 선전 부문 등의 저항 때문에 선전 효과가 적었던 데 있었다. 이번 걸음은 홍콩의 미디어를 활용하여 반격의 봉화를 올린 것이다. 남방시찰을 통해 지방의 불만을 규합하여 중앙의 정국을 움직이려는 방법은, 대약진이나 문화대혁명을 발동할 때 마오쩌둥의 방식과 같았다. 덩샤오핑으로서는 이 발걸음이 중대한 국면이었고 말 그대로 건곤일척의 행동이었다.

생산력과 국력, 생활수준의 향상에 유리한 제도나 정책이라면 그것은 사회주의다라는 '세 가지 유리론' 등을 내용으로 한 덩샤오핑의 남방담화는, 먼저 홍콩의 미디어를 통해서 전 세계로 전해졌다. 이 뉴스는 중국에 역수입되어 경기 침체에 고민하고 있던 지방 간부들의 강한 지지를 얻게 되었다. 사실상 과반수인 17개 이상의 성급 지방이 남방담화에 호

응하여 중앙보다 빨리 개혁개방의 가속화를 선언했다. 그 결과 정치 정세는 일변했고, 과감하게 개혁개방을 진척하라는 덩샤오핑의 호령은 3월에 개최된 정치국 전체회의에서 정식 정책으로서 비준된다(남방시찰 중의 담화는 시찰에 앞서 '당 중앙 2호 문건'으로 이미 정리 발표되었다).

이어서 6월에는 더 한층 대외 개방의 확대에 박차를 가하는 '당 중앙 4호' 문건이 전달되었다. 주 내용은 ①양쯔 강 연안 도시와 국경을 접하는 내륙 성의 성도(라싸를 제외한)까지 연해 개방 도시 정책을 적용하고 내륙 국경 도시와 현을 개방하여 대외 개방을 '연해(沿海)에서 연강(沿江, 양쯔 강), 연변(沿邊, 국경)으로' 확대하고, ②경제특구 및 산둥, 장쑤, 저장, 푸젠에서 항만 도시를 하나씩 선택하여 보세구(保稅區)를 설치하고, ③국가의 비준을 받은 산업정책에 일치하는 중요한 프로젝트와 첨단 기술 프로젝트에 대해서는 지역에 관계없이 개발구의 우대 정책을 적용하고, ④실험을 통해서 외자를 직접 이용할 수 있는 영역을 금융, 무역, 상업, 교통, 관광을 비롯한 3차산업까지 확대하는 내용이 이었다.

이 정책이 출범한 이래 기업 유치를 주요 목적으로 하는 각지의 개발구는 그해 9월까지 1,900곳으로 급증한다. 외국자본도 적극적인 반응을 보여, 1992년의 외국 투자 허가 건수는 과거 13년 간의 총건수에 달하는 4만 여 건, 계약 액수는 580억 달러로 전년의 세 배가 넘을 정도였다.

제14회 당대회   1992년 10월에 개최된 제14회 당대회는 활동 방향과 인사에 관한 중요한 결정을 채택했다. 대회는 먼저 경제개혁의 목표가 사회주의 시장경제 체제의 확립에 있다고 규정했다. 물론 이는 완전한 시장경제 체제의 이행은 아니었다. '사회주의'라는 어구가 달려 있는 공산당이 지도적 역할을 하고, 공유제를 주로 하는 소유제도와 노동에 따른 분배 제도를 유지한다는 원칙이 남아 있음을 의미했다. 그렇다 하더라도 이 규정은 계획경제와 결별하는 선언이었고, 이론적으로나 정치적으로 의미가 컸다.

덩샤오핑은 소련과 동유럽 사회주의 체제의 붕괴는 경제의 실패에서 비롯되었다고 지적하고, 개발주의를 바탕으로 지배의 정통성을 얻으려고 했다. 냉전의 종언과 글로벌화가 급속히 진전되는 세계적 흐름 속에서 시장화의 길을 선택한 중국은 곧 고도성장기에 돌입했다. 이 시기는 바로 일본이나 서양 여러 나라가 제2차 천안문 사건 후 중국에 부과했던 경제제재를 해제하는 시기였으며, 그 후로 글로벌화와 중국의 경제적 부상은 상호 작용의 관계를 맺는다.

상하이파의 형성　　장쩌민이 총서기를 맡은 10여 년 동안 가장 큰 공적은 결과적으로 중국을 정치적으로 안정시켰다는 데 있다고 볼 수 있다. 장쩌민의 정치 스타일에 나타난 특징은 상황 변화에 능숙하게 대응하고, 여러 세력의 균형을 잡아 교묘하게 권력을 유지하고 강화한 것이다. 자신의 권력 기반을 쌓기 위해 세력균형의 중심으로 제1기 계공업부 근무 시절에 쌓아 온 인연과, 상하이 근무 시절의 지연과 직장 인연으로 연결되는 '상하이 파벌'(上海閥)이라고 불리는 동조자를 중앙 요직에게 앉혔다.

중국 정치에서 파벌은 단체 형태로 존재하는 것도 아니었고 사무국이나 회칙도 존재하지 않는다. '관시'(關係)라고 불리는 인맥은, 지연이나 혼인·인적 관계를 포함한 혈연, 업무나 상사를 통해서 맺어지는 인연, 동창으로 맺어지는 학연, 성향에 의한 정서적인 인연 등으로 형성되고, 그 인맥의 그물코가 가장 작고 맥이 가장 굵은 부분이 중국의 파벌이라고 생각된다. 상하이 파벌은 주로 지연과 직장 인연이 겹쳐서 형성되었다.

1992년 덩샤오핑의 남방담화나 새로운 정책 출범을 통해 개혁개방의 기운이 다시 소생할 때까지, 장쩌민은 리펑의 인맥이나 보수 원로들의 영향을 받아 정책을 펴는 일이 거의 없었다. 그러나 제14회 당대회 이후, 짱저민은 덩샤요핑의 후원을 받고 자신의 권력 기반을 강화했으며 라이벌들을 요직에서 멀리 두었다. 예를 들면, 군 내의 파벌로서 이름 높은 양상쿤, 양바이빙(楊白冰) 형제의 이른바 '양씨 가의 상군'으로 이어지는 세력도 은퇴나 사임으로 몰아냈다. 제2차 천안문 사건 이후 군의 인사권을 장악한 양바이빙 군총정치부 주임은 자신과 사적인 인연을 가진 인물들을 중용했을 뿐 아니라 군도 다칭(大慶) 유전의 노동영웅 왕진시(王進喜)를 따라 배워야 한다는 장쩌민 중앙군사위원회 주석의 지시를 완전히 무시한 적도 있다. 덩샤오핑은 제14회 당대회에서, 양씨네 노령의 형뿐 아니라 동생까지 중앙군사위원회에서 제외시키는 결단을 내렸다. 군 출신이 아닌 장쩌민이 인민해방군 내에서 권한을 장악하는 일은 쉬운 일이 아니었지만, 덩샤오핑의 후원을 통해 큰 장벽이 되는 세력을 주변으로 밀어낼 수 있었다.

보수파의 끈질긴 저항   1992년의 제14회 당대회에서, 덩샤오핑은 보수적인 원로들을 은퇴시키고 개혁과 개방에 적극적인 젊은 인재들을 발탁하려고 했다. 먼저 권력의 중추인 정치국 상무위원회에서 계획경제론자로 인식되던 두 베테랑 간부 요이린과 쑹핑(宋平)이 물러났다. 그들을 대신하여 정치국 상무위원으로 임명된 인물은 중앙위원 후보로 있었던 시장화 추진론자 주룽지 같은 부총리들이며, 조직 부문의 책임자로는 49세인 후진타오(胡錦濤) 티베트자치구 당위원회 서기가 발탁되었다. 그때까지 정치국 상무위원이 맡고 있던 중앙규율검사위원회 주임이나 중앙정법위원회 서기, 중앙선전사상공작영도소조 조장의 후임에는 웨이젠싱(尉健行), 런젠신(任建新), 딩관건(丁關根) 같은 정치국 위원이나 서기처 서기가 임명되었다.

그러나 국무원 총리의 교체는 실현할 수 없었다. 덩샤오핑은 시장화에 소극적이던 리펑을 대신하여 주룽지를 총리 자리에 앉히고 싶어 했다. 덩샤오핑은 1992년 5월 수도철강공사를 시찰했을때, 경제를 아는 사람을 등용해야 한다고 말하며 주룽지 부총리의 이름을 적시했다. 그러나 대다수의 예상과는 달리 리펑은 총리를 사임하지 않았고, 1998년까지 그 자리에 머물러 있었다. 계획경제의 간판은 내렸지만, 이데올로기나 미디어, 교육을 통괄하는 중앙선전부나 인사를 담당하는 중앙조직부를 비롯한 중국공산당 보수 본류의 끈질김을 여실히 보여 주는 인사였다.

전면 개혁의 태동 덩샤오핑의 남방담화 이후, 중앙정부는 생산중시형 개혁파의 정책을 추진해 나갔다. 2장에서 살펴보았 듯이, 생산중시형 개혁파란 정책 목표에서 경제성장을 특별히 중시하고, 그것을 위해서는 중앙과 지방 간에 재정 청부제 등을 실시하여 지방 분권화를 추진하고, 정부와 기업 사이에 생산책임제를 도입하여 기업의 적극성을 자극하는 정책을 주장하는 세력을 가리킨다. 또한 그들은 시장화에 직면한 독립경영 능력이 결여한 국유기업에는 정부 담당 부문(주관 부문)의 엄격한 관리와 지도가 필요하다고 생각했다.

지방정부는 남방담화에서 제창된 정책을 강력히 지지했고 개혁개방은 다시 기운을 타기 시작했다. 1992년부터 1995년까지 해마다 국내총생산 성장률은 두 자리수를 기록했고, 당시 세계에서도 1, 2위를 다투는 고도성장을 실현했다. 여러 지방정부는 변함없이 스스로가 사업 주체가 되어 관할 지역의 성장과 고용 확보 그리고 재정 수입의 증가를 추구했고, 무분별한 개발이 진척되어 특히 외자 유치를 주 목적으로 한 개발구가 난립했다. 이른바 기업가형 지방주의 아래에 무질서한 개발이 추진되는 과정에서 비은행계 금융기관이 난립하거나 은행의 채산을 도외시한 강제적인 정책 융자 현상도 벌어졌다. 그 결과 금융 질서가 혼란하고 인플레가 심해졌다.

분세제 도입 이러한 문제들의 대책을 둘러싸고 리펑 총리와 주룽지 부총리의 의견은 대립했다. 그 당시 전문 은행을 통한 정책적 융자는 지속해야 한다는 리펑의 주장에 대해, 주룽지는 은행 제도 개혁을 통해 정책적 투자은행과 상업은행을 하루 빨리 분리해야 한다고 주장했다. 두 사람의 의견 불일치가 표면화된 후, 리펑은 1993년 봄부터 가을 사이에 병 요양을 이유로 직무를 내놓게 된다. 그동안 주룽지가 경제 정책 결정의 주도권을 잡아, 리펑의 심복이던 인민은행 행장을 해임하고 스스로 행장을 겸임하면서 금융과 재정 전반에 걸친 통제를 강화하기 시작했다. 더욱이 금융과 재정을 포함한 종합적인 경제개혁의 청사진을 작성하고, 서서히 실행에 옮기는 데 성공한 것이다.

그 청사진이란 바로 1993년 11월의 제14기3중전회에서 채택된 〈사회주의 시장경제 체제 확립의 약간 문제에 관한 중공 중앙의 결정〉이다. 이 결정에는 세제나 투융자 제도, 기업 제도, 외국무역 등 광범위한 분야에 걸치는 개혁안이 제시되었다.

그중에서도 특히 획기적인 아이디어 가운데 하나가 분세제의 도입이었다. 중앙 재정 수입의 증가와 재정의 제도화를 실현하기 위해 국세와 지방세를 나누는 근대적인 세제를 도입하는 것은 청조 말기부터의 과제였다. 사실은 1983~1984년에 이미 제기된 바 있지만, 자기들 몫이 줄어드는 것을 우려한 지방의 반대로 실현하지 못한 정책이다. 그런데 이 시점에서 도입할 수 있었던 중요한 원인은 주룽지의 강한 리더십 말고도, 덩샤오핑의 제2차 남방시찰과 그 후 개혁개방 정책의 급진전에 따라 중앙통제파가 주변화되었던 정치 구조의 변화였다. 주룽지는 중앙의 정국을 고려하지 않고 지방을 설득하는 데 나설 수 있었던 것이다.

그 밖에도 제14기3중전회 결정은 근대적인 기업 제도의 확립이나, 일부 국유 중대형 기업의 주식화와 소형 국유기업의 매각 허가 그리고 은행 제도에 관한 개혁안도 언급했다. 모든 개혁안이 곧바로 실행에 옮겨진 건 아니지만, 이 정책 내용에서 주룽지가 재정금융 중시형의 철저한 개혁을 진척시키려고 했음을 읽어 낼 수 있다.

2. 내셔널리즘의 대두

덩샤오핑 외교의 양면성 덩샤오핑은 개혁개방을 추진하고 경제 건설에
매진하기 위해 국제공산주의운동 추진과 계급
투쟁을 중심으로 했던 과거의 외교 노선을 전환하여 평화적인 국제 환
경을 확보하는 것을 대외 정책의 기본 방침으로 삼았다. 특히 1982년부
터는 전방위 외교를 내세우고, 때로는 대립과 긴장의 당사자가 되면서도
각국과 평화공존을 기조로 한 외교를 펼쳐 왔다.

하지만 덩샤오핑을 단지 경제 발전과 안정을 중시하는 자유주의 국제
정치관을 가진 인물로만 간주하면 오해일 수 있다. 덩샤오핑이 주도한
외교정책에서 마오쩌둥 시대의 외교 원칙이 완전히 배제된 것은 아니었
다. 제국주의 열강의 침략을 받아 반식민지가 된 기억은 사라지지 않았
고, 홍콩 반환이나 타이완과의 통일 혹은 티베트족이나 위그르족의 민
족운동 등에 대해서는 양보를 한 적이 없었다. 즉 경제 건설을 위한 유화
외교와 주권 보전을 위한 강경 외교라는, 때로는 모순되고 대립하는 2대
방침의 균형을 잡는 중요한 역할을 짊어지고 있었다.

전방위 외교는 중국의 경제 건설에 큰 역할을 했다. 게다가 중국은 1989년 중반까지 대소련, 대인도 관계를 포함하여 전반적으로 우호적인 대외 관계를 만들었고 이를 기반으로 한 경제 교류도 순조롭게 발전시켰다.

그러나 순풍에 돛을 단 듯한 중국 외교는 1989년 제2차 천안문 사건이 일어남으로써 최대의 위기에 직면하게 된다. 거기에 더욱 큰 충격은 그해 연말부터 급속화한 소련 · 동유럽의 탈사회주의화였다. 중국은 서방 여러 나라의 비난과 제재의 표적이 되는 동시에 동쪽 진영의 붕괴로 고립된 상황에 빠진다. 1991년에는 끝내 소련이 해체되고 소련공산당이 해산하는 사태에 이르렀다. 그중에서도 미국이 인권, 무기 수출, 무역, 타이완과의 관계 등을 둘러싸고 강경한 중국 정책을 취한 것은 덩샤오핑의 유화 외교에 큰 어려움을 가져다주었다.

1989년에서 1991년에 걸쳐 나라 안팎으로 사회주의 위기에 직면하자, 중국 국내에서는 계획경제론자와 좌파 이데올로그가 다시 기세를 찾았다. 경제특구를 비롯한 개방 정책에 대한 비판이 재연되고, 당의 중추인 정치국 상무위원회에서도 시장경제화라는 개혁의 방향에 강한 의구심이 제기되었다. 또 미국의 압력에 양보하지 않도록 군의 현역 · 퇴역 간부들이 덩샤오핑이나 장쩌민에게 강경 자세를 취할 것을 요구했다는 정보가 홍콩을 경유하여 많이 흘러나왔다.

나라 안팎의 위기에 대처하기 위해서, 먼저 덩샤오핑은 민주화 운동의 배후에는 서방의 '화평연변(和平演邊) 시도가 있다며 서방 국가들을 비난했고, 경제제재 조치에 대한 강한 분개를 노골적으로 표시했다. 반면에 덩샤오핑은 경제성장을 위해서 개혁개방을 과감하게 실행해야 한다고 강조했다. 그의 이런 판단을 지지한 것은, 경제정책의 실패가 동쪽 진영의 붕괴를 불러왔다는 관찰과 과거 10년에 걸치는 개혁개방 정책의 성공이었으며 개혁개방의 지속을 통해 자본주의 나라를 다시 중국 시장에 끌어당길 수 있다는 경제 중심적인 발상에서 출발한 자신감이었다.

도광양회 정책 미국의 온갖 압력에 대하여 중국은 때로는 강한 반발을 보이면서도 양국은 서로 '신뢰를 강화하고, 말썽을 줄이고, 협력을 확대하고, 대항하지 않는다'는 원칙을 거듭 제시하고, 대미 유화라는 기본 자세를 무너뜨리지 않았다. 이른바 '도광양회'(韜光養晦, 자신의 능력을 숨기고, 저자세를 유지해서 때를 기다린다) 정책이다. 단지 덩샤오핑이 언제 어디서, 또는 실제로 '도광양회'라는 표현을 했는지 안 했는지는 명확하지 않다. 덩샤오핑의 이러한 외교 자세가 도광양회 정책으로 중국 국내에서 인식된 것은 1990년대 중엽이다.

또한 중국은 1989년의 고립 상황을 타파하기 위해 제3세계 국가, 특히 눈에 띄는 경제성장을 거두고 있던 동남아시아 여러 나라와 교류를 강화하는 데 노력했다. 남중국해에서 동남아시아와의 알력을 잠시 동안 진정시키고 분쟁를 보류한 뒤 해저 유전의 공동 개발을 제기했다. 그리고 1990년부터 1992년 사이에 중국은 인도네시아, 싱가포르, 베트남, 한국과의 외교 관계 정상화를 성공시켰다.

천안문 사건 이후의 중일 관계 제2차 천안문 사건 후, 국제적 고립 상황을 타파하기 위해서, 중국이 중시한 또 하나의 나라는 일본이었다. 사건 직후에는 일본 정부도 약간의 주저 끝에 중국에 대한 비난의 연대에 가담하여 ODA(개발 원조)의 동결 등 조치를 발표했다. 그러나 다른 서방 여러 나라에 비해 일본은 중국에 제재를 가하는 데에는 소극적이었고, 중국을 고립시키는 것보다 국제사회 체제에 받아들이는 쪽으로 변화를 촉구해야 한다고 생각했다.

그리고 1991년 8월, 일본은 선진국들 가운데 가장 빨리 중국에 대한 경제제재 해제 움직임을 보였다. 1992년에 리펑 총리는 일본 천황의 중국 방문을 제안했다. 천황 중국 방문은 덩샤오핑이 1978년 일본을 방문했을 때 제안한 이래 중일 간의 현안이었다. 일본(특히 자민당 내)에서는, 천황의 중국 방문이 정치적으로 이용당하는 것이 아닐까 하는 걱정의 목소리가 있었고, 중국에서는 대일 관계를 중시하는 덩샤오핑을 비롯한 개혁파와 대일 강경파들 간의 정치 다툼이 있었다. 천황 부부의 중국 방문은 1992년 10월에 실현된다. 환영회에서 천황은 "양국 사이 영원히 지속되는 역사에서 우리나라가 중국 국민에 대하여 막대한 고난을 주었던 불행한 시기가 있었습니다. 이는 제가 깊이 슬퍼하는 부분입니다"라고 말했다. 양상쿤 국가주석은 인사를 마친 천황에게 다가가 "따뜻한 말씀에 감사합니다" 하고 화답했다. 천황의 중국 방문은 큰 갈등이나 반대 행동 없이 끝났다. 최종 방문지인 상하이에서는, 길 양측을 다 메운 시민들이 미소와 박수로 맞이하는 광경도 펼쳐졌다.

덩샤오핑의 타이완 정책 덩샤오핑이 개혁개방을 시작한 외부적 요인 가운데 하나는, 타이완을 포함한 주변 국가와 지역들이 거둔 놀라운 경제성장에 있었다. 덩샤오핑은 중국이 이런 흐름에서 뒤떨어졌다는 초조감을 느끼고 있었다. 화인(華人)들의 경제력을 활용하려는 계획과도 연결되어 덩샤오핑은 타이완 정책을 변경하게 된다. 1979년 1월 1일, 공산당 정권은 미중 국교 정상화와 동시에 〈타이완 동포에게 알리는 글〉을 발표하고, 무력 해방에 추가하여 평화통일을 타이완에 대한 주요 정책으로 한다고 선언했다. 카터 정권이 요구한 평화 해결의 커미트먼트(commitment)를 거절했지만, 덩샤오핑의 타이완 정책의 주요 내용은 어디까지나 평화 공세를 가하는 것이었다. 무력행사의 포기를 선언하면 타이완 당국이 평화통일의 교섭에서 멀어져 가고, 타이완의 독립운동이 발전하면 무력행사를 취할 가능성이 오히려 높아진다는 이유에서 출발했다.

한편 타이완에서는, 1980년대 후반부터 정치 자유화가 가속화되었다. 국내에서 타이완 아이덴티티의 확장, 정치 자유화에 대한 국제사회의 요구, 국가 승인을 둘러싼 중국과의 경쟁에서 열세 등 나라 안팎의 압력을 받은 장징궈(蔣經國)는 정치 민주화를 결단했다. 1986년에는 당외 세력으로 결성한 민주진보당(民主進步黨, 민진당)을 추인하고, 1987년에는 계엄령을 해제했으며 1988년에는 신규 신문의 발행 금지도 해제했다. 정치 자유화와 병행되어, 경제 교류의 진전에 따라 이미 유명무실했던 대륙과의 접촉금지 정책도 바뀌었다. 1987년에는 외환 관리가 완화되면서 홍콩 경유 등 간접적인 형식이었지만 타이완 기업의 대륙 투자가 촉진되었다. 1988년 1월에 장징궈는 타계하지만, 그의 후임으로 총통에 취임한 인물은 일본 통치 때부터 타이완에 살아온 본성인(本省人)인 리덩후이(李登輝)였다.

리덩후이의 외교   리덩후이는 최초의 본성인 지도자로서 민주화를 추진했다. 당내에서는 본성인이 주류파가 되었고, 리덩후이의 지도 아래에서 국민당 정권 자체가 점차 타이완인 의식을 강화하게 되었다. 그리고 1996년에 처음 실시된 총통 민선 때는 '대(大)타이완을 경영하고, 새로운 중원(中原)을 만든다'는 목표가 강조되었다. 확고한

'타이완 아이덴티티'의 확립이 리덩후이 정권의 주요 과제로 되어 버린 것이다.

　리덩후이는 1991년 5월에 '반란진정동원시기'(反乱鎮定動員時期)의 종결을 선언한다. 이는 총통의 독재적 권한을 폐지하는 민주적인 조치임과 동시에 국민당의 일방적인 내전 종료 선언이었다. 때를 같이하여 헌법을 개정하고 중화민국 헌법의 효력이 미치는 범위를 타이완에 한정한다고 결정했다. 즉 중화민국의 국가권력 정통성은 타이완 인민한테서만 유래한다는 것을 명확히 했고, 공산당 정권이 대륙을 통치하는 정통성을 인정한 것이다.

　리덩후이에게는 타이완을 존속시키는 것이 모든 것의 전제였으며, 이를 위해 외국과의 관계 수립이 필요하다는 생각에서 외교에도 힘을 쏟았다. 1993년에는 유엔에 다시 가입하는 것이 당면 타이완 외교의 최고 목표로 설정되고, 이듬해까지 행정원장 렌잔(連戰)이나 리덩후이가 '휴가'라는 명목으로 아세안(ASEAN) 회원국을 방문했다. 그리고 1995년 6월에는 클린턴 정권의 승인을 받고, 리덩후이는 비공식이지만 미국을 방문한다. 모교인 코넬대학에서 한 연설에서 리덩후이는 경제 발전을 달성하고 민주화를 실현한 타이완 인민이 국제적으로 인정을 바라는 것은 자연스러운 일이라고 언급하고, "민주주의는 군사력보다 강한 안전보장 수단이다"고 강조했다.

타이완 해협의 위기　리덩후이의 미국 방문과 발언에 대해 중국은 강하게 반발했다. 공산당 정권은 개혁개방 이후 타이완과 경제교류 촉진 정책을 일관되게 실행해 왔다. 타이완의 투자는 중국의 경제 발전에 유리할 뿐 아니라, 타이완의 분리 경향을 봉쇄하고 평화통일을 촉진하는 데도 도움이 된다고 인식했기 때문이다. 장쩌민은 1995년 1월에 '장8점'(江八点)이라고 불리는 대타이완 8개 항목을 구체적으로 제안하여 대륙과 교섭을 시작하자고 호소했지만, 타이완 측의 반응은 냉담했다. 더욱이 리덩후이가 미국을 방문함에 따라 장쩌민은 완전히 체면을 구기는 모양새가 되었다.

곧 장쩌민의 타이완 정책은 강경해졌다. 1995년 7월 타이완 북쪽 근해를 향해 미사일 발사 훈련을 실시했고, 이듬해 3월의 총통 직접선거 직전에는 미사일 발사 연습, 해공군 실탄 사격 연습, 육해공군 통합 연습을 실시하며 타이완을 위협했다. 이러한 무력 위협은 오히려 타이완 주민들의 대륙에 대한 반감을 높였고, 리덩후이는 높은 득표율로 총통에 당선되었다. 뿐만 아니라 미국은 항공모함 2척을 타이완 해역에 파견하여 인민해방군을 견제했다. 타이완 해협 위기는 중국의 대외 이미지를 손상시키고 중국 위협론을 환기하는 후과를 빚었다.

'3개의 NO'와 '2국론'   미국은 군사력이 수반되는 긴장 조성에 대하여 타이완과 안보 대화를 시작함과 동시에 중국과의 관계 개선도 시도했다. 클린턴은 장쩌민을 초청했고 1997년 10월에 장쩌민이 미국을 방문하게 된다. 이듬해에는 클린턴이 중국을 방문하고, 중국 측이 요구하는 '3개의 NO'의 공개 표명을 했다. '3개의 NO'란 타이완의 독립을 지지하지 않고, '두 개의 중국'을 지지하지 않으며, 국가를 가입 조건으로 하는 국제기관에 타이완의 참가를 지지하지 않는다는 정책이다.

'3개의 NO' 정책의 표명은 타이완한테는 충격이었다. 미국의 촉구를 받는 형식으로 중국과 타이완의 대화가 다시 시작되었지만, 리덩후이는

1999년 7월 중국과 타이완의 관계는 특수한 나라와 나라의 관계라는 이른바 '2국론'을 발표했다. 그전까지 타이완이 주장하고 있던 '하나의 중국, 두 개의 정치 실체, 두 개의 정부'라는 표현보다 더욱 본질적인 표현이었다. 중국과 타이완의 대화가 본격적으로 시작되기 전에, 리덩후이는 중국과 타이완의 대등성을 명시해 놓을 필요가 있다고 생각한 것으로 추측된다.

'2국론'이 제시된 후 중국은 리덩후이에 대한 거센 비판을 시작한다. 2000년의 타이완 총통 선거 직전에는, 주룽지 총리가 독립 지향이 강한 민진당의 천수이볜(陳水扁) 후보를 위협하는 발언을 했다. 1996년의 반성 이래 무력적인 위협은 하지 않았지만, 결과적으로서 선거에서 천수이볜이 승리하고 처음으로 민진당 정권이 탄생했다.

애국주의 교육 강화   제2차 천안문 사건이 터지고 얼마 지나지 않아, 덩샤오핑은 기존 교육의 실패, 특히 일반 인민을 대상으로 하는 사상정치 교육의 실패가 사건을 일으킨 큰 원인이 되었다는 인식을 표명했다. 또 장쩌민도 민주화 운동을 매국주의라고 단정하고 전국 학교에 애국주의 교육 강화를 지시했다.

자국의 문화나 국제적 지위, 국력을 중요시하고 그것을 발전시키려는 내셔널리즘은, 근대 이후의 중국 지도자들이 본질적인 동기로 되어 왔다. 그리고 1990년대 중엽 덩샤오핑에서 제3세대 지도자로 권한 위양(委讓)이 완료되면서, 내셔널리즘을 국민 통합에 이용하려는 경향이 강화되었다.

1994년 8월에는 〈애국주의 교육 실시 강요〉가 당 중앙에서 발표되어 교육 부문뿐 아니라 애국주의는 전 사회가 학습해 할 과제로 인식되었다. '강요'에 따르면 애국주의 교육의 목적은 민족의 자존심과 자신감을 높이는 것이며, '현대 중국에서 애국주의와 사회주의는 본질적으로는 일치'하고 공산당의 지침에 따르는 것이 중요하다고 밝혀져 있다.

그전까지의 애국주의 교육이 마오쩌둥이나 공산당 영웅들의 정신이나 무용(武勇)을 강조하는 면이 강했던 데에 비해, 1990년대 후반부터 시작된 애국주의 교육은 열강으로부터 받은 침략이나 굴욕을 강조하는 피해자의식을 심어 주는 특징이 있었다.

고조되는 내셔널리즘   1995년, '항일전쟁 승리 50주년'을 기념하는 캠페인이 진행되어 〈애국주의 교육 실시 강요〉의 영향이 현저하게 나타났다. 텔레비전에는 항일전쟁 드라마가 연일 방영되고, 항일전쟁을 다룬 서적이 잇따라 출판되었다. 각지의 '애국주의 교육기지'(전쟁 기념비나 희생자 추도 시설)에서도 행사가 열렸다. 중국 정부는 캠페인이 일본을 대상으로 한 것이 아니라고 일본 정부에 설명했지만, 그 결과로서 전쟁을 모르는 젊은 세대의 중국인들에게 '항일애국' 정신이 침투되었다.

내셔널리즘은 정권의 구심력을 강화하는 동시에, 중국의 약한 외교 자세에 대한 비판으로도 변할 수 있는 양날의 칼이 될 수도 있었다. 공산당의 애국주의 교육은 지도자들의 의도를 넘어, 어떤 의미에서는 지나치게 성공한 부분도 있는 듯했다. 그 배경에는 경제성장으로 강해진 중국인들의 자신감이었다. 또 같은 시기에 대외적으로는 타이완에서 리덩후이 정권이 '하나의 중국'을 부정하는 정책을 내놓았고, 1996년 3월의 타이완 해협 위기에서 미국과 중국 사이에 긴장 사태가 벌어졌다. 그 직후 1996년 4월에 미일안보공동선언이 발표되면서 일본에 대한 경계도 강해졌다.《NO라고 말할 수 있는 중국》(中國可以說不)이라는 책이 같은 해에 출판되어 베스트셀러가 된 것은 상징적인 현상이었다.

대외 경제교류 확대 1992년 덩샤오핑의 남방담화를 계기로 개혁개방 정책이 가속화되면서 외국자본의 직접투자가 빠른 속도로 확대되어 중국의 고도성장을 뒷받침했다. 소매업이나 부동산업에 외자 참여가 허가되어 동부 연해 지역은 물론 내륙부에 대한 투자도 장려의 대상이 되었다. 수출입 총액은 1991년부터 2001년까지 10년 사이에 1,356억3,000만 달러에서 5,097억6,000만달러(3.8배)로 증가했다. 그중 수입 총액이 국내총생산에서 차지하는 비율은 15.7퍼센트에서 21퍼센트로, 수출 총액이 차지하는 비율은 17.7퍼센트에서 23퍼센트로 상승했다. 외국의 직접투자는 1만2,978건에서 2만6,140건(2배), 투자액은 119억8,000달러에서 692억달러(5.8배)로 증가했다.

1990년대 중반에 중국은 외자 도입 정책을 재검토하는 움직임을 보였지만, 그 후 직접투자의 침체가 계속되고 8퍼센트를 목표로 한 성장 확보가 위험해지자 중국 정부는 다시 외자의 투자를 환영하는 방침으로 돌아오게 된다. 늘어나는 직접투자는 중국에 자금을 공급했을 뿐 아니라, 생산성 향상을 뒷받침함으로써 경제성장을 실현하는 데에도 기여했다.

미국의 최혜국 대우 부여 1989년의 천안문 사건 이후, 인권 문제가 미중 관계에서 크게 부각되고 그 영향이 경제 영역까지 미쳤다. 1993년에 출범한 클린턴 정권이 중국에 최혜국 대우를 부여하는 무역 문제를 인권 문제의 개선 상황과 연결시켰기 때문이다. 당시의 중국 경제성장은 대외무역에 의존했고 미국 시장은 중국의 최대 수출시장이었기에, 최혜국 대우 문제는 미국과 중국 사이에 중대한 현안 가운데 하나였다.

그러나 1994년부터 미국은 정책을 변경하여 최혜국 대우와 인권 문제를 별도로 다루게 된다. 그 배경에는 클린턴 정권에 대한 경제계의 강한 요구가 있었다. 미국과 중국의 경제 교류는 비약적으로 확대되는 경향을 보였고, 1996년에 경제계 인사들을 인솔하여 중국을 방문한 브라운 상무장관은 대중 관계가 미국의 외교정책에서 중요하다고 발언했다.

경제 분야에서 최혜국 대우 문제 말고도 대중 무역적자나 지적재산권을 둘러싸고 두 나라 사이에 마찰이 일어났다. 중국은 특히 인권 문제나 타이완 문제에 관한 미국의 태도에 큰 불만을 품고 있었다. 그럼에도 중국이 미국에 대한 반발을 일정한 범위 안에 묶어 둔 것은 경제 건설을 최우선하고 이를 위한 평화로운 국제 환경을 유지하는 방침을 견지하고 있었기 때문이다. 또한 중국에 대한 최혜국 대우 부여에 관해 미국 경제계의 일정한 역할에도 보이듯이, 경제의 상호 의존이 진척됨에 따라 새로운 마찰도 생기는 반면 양국 관계에 협력의 보조를 맞추는 압력도 동시에 강해졌다.

'새로운 안보'의 제창   냉전이 종결됨에 따라, 일본의 정책 담당자들은 미일동맹의 의미를 재검토하고 다시 구축할 필요성을 느꼈다. 1993~1994년에 일어난 북한의 핵 위기는, 일본의 안보 정책 담당자들한테 유사시 대응에 있어 일본의 법적 불비(不備)를 통감케 하는 계기가 되었다. 미국과 일본은 동맹의 중점을 동아시아 지역 질서의 안정에 두는 데 합의하고, 1996년에 미일안보공동선언을 발표하고 그다음 해에는 '미일 방위협력을 위한 지침(가이드라인)'을 재검토했다. 이어서 일본은 주변사태법도 제정했다.

중국은 이러한 일본의 안보정책 정비와 강화에 대해 경계했고, 특히 문제시한 것은 '주변 사태'의 범위였다. 앞서 살펴보았듯이 1990년대 중반에는 타이완 해협 위기가 있었고, 같은 시기에 진행된 미일동맹 강화 움직임은 중국의 눈에 '중국 포위망'의 형성으로 비쳤다.

남중국해에서는 1995년 2월, 필리핀이 실효 지배하던 미스치프 환초에 중국이 건조물을 세우던 사실이 발각되어, 다음 달에 아세안(ASEAN) 외무장관이 연명으로 항의하는 사태가 발생했다. 다시 고립될 위기에 직면한 중국은 러시아와의 교류를 돌파구로 삼았다. 1996년부터 이른바 '새로운 안보관'(新安全保障觀)를 제창하고 이 이념을 바탕으로 다각적이며 지역주의적인 외교정책에 착수했다. 즉 국가 간의 분쟁을 무력이 아닌 대화를 통해 해결하는 협조적 안전보장 관념을 바탕으로 러시아 및 중앙아시아 나라들과 상하이파이브(2001년에 상하이협력기구로 발전)를 결성하는 한편, 동아시아의 안전보장 대화의 장소로 1994년에 설립된 아세안지역포럼(ARF)에서 적극적인 자세로 나타나게 된다.

장쩌민의 일본 방문 그러나 일본과의 관계 개선은 일반적인 수단으로 해결될 문제가 아니었다. 1998년 11월, 장쩌민은 러시아에 이어 일본을 방문한다. 중화인민공화국 수뇌의 일본 방문은 처음 있는 일이었다. 하지만 일본을 방문했을 때 장쩌민의 언동은 많은 일본인들의 실망과 반발을 불러일으켰다. "일본의 군국주의 청산은 아직 철저하지 않다." "일본에 대해 타이완 문제를 철저히 언급하고, 역사 문제를 항상 강조하지 않으면 안 된다"(1998년 8월의 재외사절 회의에서의 발언)는 이해와 신념 아래 도쿄에서 기회 있을 때마다 역사 인식에 관한 대일 비판을 전개했기 때문이다. 일본 정부가 중일공동선언에 '사죄' 문구를 담는 걸 거부하고, 오부치 게이조(小淵惠三) 총리가 정상회담에서 구두로 사죄를 전한 데에 대한 불만도 장쩌민에게 있었다. 일본 정부 입장에서는 장쩌민이 방문하기 바로 전에 방일한 김대중 대통령의 한국 경우와는 달리, 중일 사이에 '사죄 문제'는 이미 해결된 문제였다.

반면 장쩌민 방일의 구체적인 성과와 내용은 풍부했다. 중일공동성명과 평화우호조약에 이어지는 중일 간 제3의 중요 문서로 중일공동선언이 발표되고 '평화와 발전의 우호협력 파트너십'을 구축하여 지역과 세계에 공헌한다는 내용이 명문화되었다. 또한 협력 강화에 관한 공동 기자회견에서 1년에 한 번씩 지도자의 상호 방문이나 정부 간 핫라인의 부설 등 두 나라 간의 사항뿐 아니라, 한반도 문제나 다각적인 무역 체제, 동아시아 경제 문제 등 국제 분야에서 협력한다는 내용으로 합의했다.

미중 관계의 변화   아시아 금융위기 대응과 관련하여 세계의 호평을 받았고 또한 미국과 수뇌 교류를 성공시킨 성과가 장쩌민의 강경한 대일 자세를 뒷받침하고 있었다. 그러나 1999년에 미중 관계는 전환하게 된다. 먼저 인권은 국권(國權)보다 위에 있다는 새 전략 개념 아래 NATO가 코소보 공습을 단행한 데 대해 중국은 강하게 반발했다. 이어 4월에 주룽지 총리가 미국을 방문하여 시도한 WTO 가맹 교섭은 실패했다. 더욱이 미국이 중국의 대담한 양보 안을 인터넷에 공개했기에 주룽지는 국내에서 거센 비판을 받았다. 그리고 5월, 베오그라드의 유고슬라비아 중국대사관이 미군기에 폭격되어 중국은 미중 관계의 안정성에 단념했다. 그 후 대미관계가 악화될 때에도 자신의 활동 공간이 없어지지 않도록, 이웃 나라들과 '벗의 연대'를 구축하는 데 본격적으로 힘을 쏟기 시작했다.

중국은 지역 협력을 추진하는 맥락에서 대일 관계를 중시하는 자세를 보였고, 1999년 11월에는 '아세안+3'에 맞춰 한중일 3국의 정상회담을 개최하는 데 처음으로 합의했다. 2000년 9월, 장쩌민은 유엔에서 열린 모리 요시로(森喜朗) 총리와의 회담에서 아시아의 번영은 중일 양국의 우호와 협력 없이 실현할 수 없다고 진술했다. 또 그다음 달 일본을 방문한 주룽지는 지역 경제협력을 중일 협력의 중점 분야의 하나에 두고, 동아시아 협력의 틀 속에서 일본과 협조가 강화되길 기대한다고 밝혔다. 그러나 그의 의도는 일본 측에 충분히 납득되지 않았다. 장기화된 경제 침체로 대부분의 일본인은 내향적인 심리 상황에 빠져 있었다. 거기에 중국으로부터의 수입 급증에 시달리는 일부 산업이나 농가에서 비명 소리가 울리기 시작했다. 2001년에 일본은 생표고버섯, 파, 돗자리용 골풀을 대상으로 하는 잠정 세이프가드(긴급 수입제한)를 발동했다. 이에 대해 중국이 보복 조치로 일본제 자동차, 에어컨, 휴대전화에 높은 관세를 매김으로써 일본 상품은 큰 타격을 받았다.

3. 조용한 혁명과 탈사회주의

사회주의와
시장화의 모순

덩샤오핑의 남방담화 이후 개혁개방 정책이 다시 궤도에 오른 뒤에도, '사회주의는 무엇인가'라는 근본 문제에 대한 논쟁이 끝난 것은 아니었다. 남방담화는 사회주의의 본질이 생산력을 해방하고 발전시켜 착취와 양극 분화를 없애고, 궁극적으로 사람들이 다같이 풍요로워지는 데 있다고 인식되었다. 그리고 덩샤오핑은 한 정책이 사회주의냐 자본주의냐의 판단은 정책이 사회주의 사회의 생산력 발전에 유리한가 아닌가, 사회주의 국가의 전반적인 국력 증강에 유리한가 아닌가, 사람들의 생활수준 향상에 유리한가 아닌가를 기준으로 삼아야 한다고 했다('세 가지 유리'론).

사회주의를 둘러싼 덩샤오핑의 이론에 대해서 당내 좌파는 당연히 납득할 리가 없었다. 그러나 덩샤오핑 자신도 결코 사회주의의 기본 경제제도인 생산수단의 공유제에 관한 개혁은 허용하지 않았고, 사회주의의 기본 정치제도의 근본인 당의 독재적 영도를 포기할 의도도 없었다. 결국 덩샤오핑 이론은 사회주의 제도와 시장화의 모순을 내포하고 있었다고 볼 수 있다.

개혁이 시작된 이래, 기업 내 당 조직의 역할을 둘러싸고 두 가지 대립되는 주장이 존재했다. 하나는 근대적인 기업 경영을 위하여 업무상의 권한을 공장장 혹은 총경리에 집중시켜 기업 당 조직의 역할을 사상·정치 교육과 기업 경영의 보증·감독으로 제한해야 한다는 주장이다. 기업 경영의 보증·감독이란 경영 시책(施策)이 당의 정책을 일탈하지 않도록 감독하는 것을 의미한다. 한편 국유기업은 정치적인 존재이며 이른바 당의 독재를 유지하는 주요 진지이기 때문에, 기업의 기층 당 조직의 영향력을 유지해야 한다는 당의 영도를 견지해야 한다는 주장이 있었다.

1992년의 남방담화 이후, 정책 결정의 중심이 다시 경제 중시로 넘어가, 성장 중시론자도 거시적 경제 균형론자도 기업 내 당 조직의 역할을 제한해야 한다는 점에서 의견이 일치했다. 주룽지의 주도로 1993년 말에 결정된 경제체제 개혁의 청사진에는 근대적인 기업 제도의 수립과 기업의 공사화(회사화) 방향이 담겨 있었다. 그리고 거의 같은 시기에 제정된 공사법에는 주주총회와 이사회, 감사회가 공사의 권력을 보유한다고 규정되었다.

가장 중요한 당의 조직 원칙 가운데 하나인 "당이 (모든) 간부를 관리한다"는 원칙에 따르면, 기업의 경영자에 대해서도 당 조직이 그 임면을 결정해야 한다. 그러나 공사법은 근대적인 기업 경영의 조직 원칙에 준하며 경영자는 이사회에서 결정한다고 규정했다. 여기서 사회주의와 시장경제가 정면으로 충돌했다. 1994년에는 기업 내 당 조직의 역할을 보증·감독만으로 한정하라거나 당 조직 자체를 철폐하라는 이야기도 나왔다.

현장의 기업에서는, 공사법이 정해진 '새3회'(新三會: 주주총회, 이사회, 감사회)와 당위원회, 공회(工會, 노동조합), 직공대표대회라는 '노3회'(老三會)의 관계가 규정상 불명료했기에 새로운 분쟁의 씨앗이 되었다. 1993년에 공포된 랴오닝 성당위원회 조직부의 조사 결과에 따르면, 성 내 국유기업 가운데 당 조직과 경영진이 잘 협조되는 기업의 비율이 약 15퍼센트, 큰 갈등은 없지만 각각 독립적으로 활동하는 기업이 약 50퍼센트, 양쪽이 다투고 심지어 서로의 업무를 방해하는 기업의 비율이 약 25퍼센트나 되었다. 다른 지방에서도 비슷한 상황이었다고 전해졌지만, 대체로 시장화가 진전됨에 따라 현장에서는 시장경제에서 살아남을 수 있는 경영 체제의 수립이 더 중요시되어 갔다.

그러나 이런 움직임에 대하여, 1997년 1월에 〈국유기업의 당 건설 활동을 더욱 강화·개선할 데 관한 중공 중앙의 통지〉가 발표되었다. 주된 논지는 국유기업에 대한 당의 영도를 견지하고 국유기업 당 조직의 역할을 강화하는 내용이었다. 시장경제화의 추진에 매진하는 관산학(官産學) 관계자는 추세의 역전에 당혹감을 감추지 못했다.

이 통지를 기초했을 뿐 아니라 그 정책 결정에서 큰 역할을 한 기관은 중앙조직부였다. 경영자의 능력이 국유기업의 성패를 결정한다는 공통 인식이 형성되는 한편, 중앙조직부는 공장장이나 총경리의 무책임 또는 배임 행위가 심각해지고 있는 실태를 강조하고, 당 조직이 인사관리를 강화하고 경영에 참가하는 것이 중요하다고 호소했다.

중공 중앙의 통지

영도인가, 경영인가　　이상의 사실에서 시장경제화에서 중요한 요소인 근대적 기업 제도의 수립을 둘러싸고 당의 영도를 견지하는 정치 원칙과 효율적인 경영을 실현하는 경제 원칙이 모순되는 상황을 읽어 낼 수 있다. 이런 사태에 대한 대책은 지방이나 기업에 따라 달랐다. 예를 들면, 시장화가 추진되고 있었던 닝보(寧波) 시에서는 '통지'와 공사법이 대립했을 경우 후자를 중시한다고 결론을 냈다. 다만 현실에서는 닝보 시에서도 당위원회의 역할 확대에 노력하는 기업이 나타났으며, 당 조직이 중심이 되어 기업을 관리해야 한다고 주장하는 사람들도 있었다. 반대로, '통지' 발표 후 반 년 정도 지난 시점에서 실행된 실지 조사에 따른 중앙조직부는, '통지'의 집행 과정에서 기업 내 당 조직의 정치 핵심 지위가 강화되었다고 평가할 수 있지만, 지방이나 기업에 따라 부정적 혹은 소극적인 태도를 취하는 곳도 있어 일치된 인식을 얻는 것은 상당히 곤란하다고 인정했다.

덩샤오핑 서거　　1997년 7월, 태국 바트화의 폭락을 발단으로 아시아 통화 · 경제위기(아시아 금융위기)가 발생했다. 중국은 권력의 계승과 체제 개혁의 막다른 상태 그리고 성장 속도가 줄어드는 어려운 정치 경제 상황에서 위기에 대응해야 했다.

'개혁개방의 총설계사'인 덩샤오핑이 타계한 것은 아시아 금융위기가 발생하기 몇 달 전인 1997년 2월 19일이었다. 이 시기는 그해 9월에 열리는 제15회 당대회를 두고 정책이나 인사에 관한 여러 가지 의도가 착종하던 시기였다. 덩샤오핑은 최만년엔 직접 정치에 관여하지 않았고, 권력은 오랜 기간 단계를 거쳐 결과적으로 순조롭게 후계자 장쩌민에게 이양되었다. 그러나 덩샤오핑의 죽음은 공산당 권력의 정통성을 구현하고 있던 혁명 세대 지도자의 퇴장을 상징하는 사건이며, 역사의 페이지를 넘기는 사건이었다고 말할 수 있다. 공산당에 있어, 정권에 대한 대중의 지지를 유지하기 위한 경제 발전의 중요성은 더 한층 증대된다.

그런데 이 시기는 과거 몇 년에 걸쳐 사상 최고의 성장을 보인 경제 발전에 경고등이 켜진 시기였다. 주룽지의 주도 아래 1992년 이후에 과열된 경제의 긴축에는 성공했지만, 경기는 냉각되고 말았다. 그중에서도 특히 개혁의 막다른 골목에 처했던 국유기업 전반의 실적은 하락의 길을 걷기 시작했다. 주룽지는 국유기업의 인원 정리를 단행하라고 지시했고, 실업자와 일시 해고자 수는 해마다 늘어났다. 아시아 금융위기는 중국 내에서 재정 금융의 긴축을 지속할지 완화할지를 둘러싼 정책 논쟁이 한창일 때 발생했다.

위안화 절하 요구 　　다른 아시아 국가들에 비해, 홍콩을 제외하고 중국 경제가 아시아 금융위기에서 받은 손해는 그다지 크지 않았다. 주로 수출이 점차적으로 감소하는 정도에 머물렀다. 그러나 위안화 환율 조정의 옳고 그름은 국제적인 관심의 초점이 되었을 뿐 아니라 중국 국내에서도 뜨거운 쟁점이 되었다.

금융위기에 따라 아시아 지역 여러 나라들의 국내 수요는 쇠퇴하고, 또 위안화는 각국의 통화에 견주어 고가였다. 그 결과 국제시장에서 중국 제품의 경쟁력이 떨어지고, 무엇보다도 금융위기에 직면한 나라들과의 수출에 큰 영향을 미쳤다. 특히 동아시아 지역과 관계가 밀접했던 일부의 지방이나 부문이 받은 타격은 컸다. 예를 들어 광둥 성에서는 1998년 1분기에 한국 수출이 78퍼센트 감소하고, 동남아시아 수출은 25퍼센트 감소했다. 전국 규모에서 보면, 1998년 초만 해도 연간 수출 성장률은 10퍼센트라고 예측했지만 실제로는 수출이 점차 속도를 잃어 간신히 0.5퍼센트 증가하는 데 그쳤다.

중국의 수출 의존도(수출총액÷국내총생산)는 1994년 이후 20퍼센트 전후에서 움직였지만, 수출의 감퇴는 경제 전반에 걸쳐 무척 중요한 문제였다. 또 1990년대 중반부터 경기가 후퇴하면서 수출 확대가 경제성장에서 더 중요한 요인이 되었고, 1997년에 순수출의 경제성장에 대한 기여율은 전년의 5.1퍼센트에서 17.0퍼센트로 상승했다. 중국 정부는 수출 공업품에 대한 부가가치세 환급률을 인상했지만, 적지 않은 기업이 그것만으로는 불충분하다며 위안화 환율의 대폭적인 인하를 요구했다. 중국 정부는 위안화를 영원히 절하하지 않는다고 공약한 것이 아니고, 당시 계속되는 엔화 하락을 전제로 하면 원래의 환율 하향조정을 고려할 수밖에 없다는 논조도 나타났다.

환율 유지   그러나 중국 지도자들은 일관되게 위안화 절하나 위안화 약세로 유도하지 않겠다고 언명하고, 실제로 그렇게 했다. 이 정책 결정의 요인으로는, 먼저 경제적인 실정이나 제도로 보아 그 필요성이 비교적 적었다는 점을 들 수 있다. 첫째, 중국은 무역수지의 대폭 흑자를 유지하고 있었다. 수출은 정체했지만 수입이 감소했기에 무역 흑자액은 1997년의 403.4억 달러에서 1998년의 435.9억달러로약 8퍼센트 성장률을 기록했다. 외환보유고는 1998년 말 시점에서 1449.6억 달러에 달했다. 둘째로, 중국은 단기자금을 도입하는 데 신중하여 대외 채무 잔고에서 차지하는 비율은 낮았다. 셋째로, 여전히 자본 거래가 엄격하게 통제되고 있어 자금이 급격히 해외 유출되는 일은 있을 수 없었다.

가령 위안화를 절하한들, 그 예측되는 효과에 대해서는 몇 가지 문제

점이 지적되었다. 첫째 1998년 중엽까지 1,380억 달러에 이른 대외 채무에 대한 원금 상환 리스크가 높아진 점, 두 번째 수입 인플레를 초래할 우려가 있는 점, 세 번째 다른 동아시아 각국의 사례에서 나타난 바와 같이 통화 절하는 수출 확대에 반드시 도움되지 않는다는 점, 네 번째 아시아의 통화 절하 경쟁을 불러올 가능성이 있는 점, 마지막으로, 홍콩달러의 대미 달러 페그제(고정환율제의 일종—옮긴이)의 유지를 어렵게 하는 점 등이 주장되었다.

수출 기업들의 강력한 요구나 일부 연구자들의 주장을 물리치고, 정책 결정자들은 위안화 환율을 계속 유지했다. 1998년도의 목표였던 8퍼센트 성장은 달성할 수 없었지만, 7.8퍼센트를 기록한 중국 경제의 성과는 크게 평가받았다.

엔화 하락에 대한 비판 위안화 절하를 하지 않은 중국은 그 이유와 관계 없이 전 세계의 평가를 받았다. 1998년 2월 다보스의 세계경제포럼에 출석한 리란칭(李嵐淸) 부총리는, 타국의 통화절하가 중국의 수출 경쟁력을 압박했지만 중국은 위안화를 절하하지 않았으며, 이 조치가 아시아의 여러 통화의 안정에 적극적인 역할을 한다고 강조했다. 또 아시아유럽정상회의(ASEM)에 출석하기 위해 4월에 런던을 방문한 주룽지는, 위안화 유지로 인해 중국에 악영향이 생기고 있지만 동남아시아의 각국을 위해 희생하면서 어려움을 받아들였다고 발언하여 박수갈채를 받았다. 중국의 동향에 세계가 주목한 바로 그 시각, 지역의 안정과 발전을 위해서 자기희생을 마다하지 않는 '책임 있는 대국'의 이미지를 효과적으로 내보인 것이다.

동시에 중국의 미디어는 일본 엔의 하락과 이에 대한 일본 정부의 대응을 비판하고 나섰다. 일본 정부가 대국의 책임을 짊어지려고 하지 않고 타국의 불이익을 관계치 않고 의도적으로 엔화 하락을 방치하고 있다는 내용이었지만, 중국에서도 금융이나 경제 전문가는 결코 이런 견해를 갖고 있지 않았다. 그러나 위안화의 유지와 일본 엔의 하락을 대조시키는 듯한 보도가 클린턴의 중국 방문을 앞둔 1998년 6월 이후에 시작된 점은 흥미 깊은 부합이었다.

당시 미중 관계의 개선은 중국의 내정에서도 중요한 의미를 가지고 있었다. 제15회 당대회에서 당 총서기로 재선된 장쩌민은 자신의 방미와 클린턴의 중국 방문은 자기의 위신을 과시할 수 있는 절호의 무대였으며, 일본에 대한 비판은 이를 위한 소품 구실을 했다고 볼 수 있다.

잠재적 금융위기　실제로는 아시아 금융위기가 중국의 정책 당국에 가져다준 충격은 생각보다 컸다. 정책 당국이 가장 두려워한 부분은 수출이나 외자 도입에 미치는 악영향이 아니라 중국 경제에 존재하는 금융기관의 불량채권 문제가 표면화됨으로서 동남아시아 국가들처럼 금융위기가 발생할 위험성이었다.

금융 영역의 위험에 대비하라는 경고는 사실 아시아 금융위기가 발생하기 1년 전에 지적되었다. 1996년 8월 장쩌민이 주재한 중앙재경영도소조 모임과 1997년 11월의 전국금융공작회의에서 금융위기 방지와 그 위험에 대한 해소가 논의되었다.

가장 문제가 된 것은 금융기관이 대량으로 안고 있는 불량 채권이었다. 중앙정책연구실 경제 팀 멤버에 따르면, 국유 4대 상업은행(중국공상은행, 중국농업은행, 중국은행, 중국건설은행)의 불량채권 비율은 1996년 말 24.4퍼센트에서 1997년 6월 말 29.2퍼센트로 상승했다. 비은행계 금융기관에 대해서 말하면, 1996년 말 시점에 그 총자산에서 차지하는 불량 자산의 비율은 약 50퍼센트를 차지하고 있었다. 둘째, 불법으로 금융기관을 설립하거나 금융기관이 아닌 업체가 제멋대로 금융 업무를 대신하는 사례가 있었다. 요즘 '그림자 금융'(Shadow Banking)이라 불리는 업체였다. 셋째, 주식시장에 과도한 투기와 버블 현상이 나타났다. 네 번째로는 금융기관의 경영관리 인원에 대한 감독 부족으로 규칙 위반이나 금융 범죄가 많이 발생하고 있었다.

심각한 금융 불안을 안고 있는 상황에서, 당국이 위안화 환율의 하향 조정을 단행하면 중국 경제와 위안화에 대한 나라 안팎의 신뢰가 흔들리지 않을까 염려되었다. 그 결과 최악의 경우에는 집중적인 예금 인출로 이어져 금융 질서가 붕괴될 위험도 있다고 국무원의 간부들은 인식하고 있었다. 이 점이야말로 당국이 위안화 환율을 유지한 가장 큰 요인이었을 수 있다.

그 밖에 경상 거래와 자본 거래가 모두 흑자였음에도 외환보유고가 크게 늘어나지 않는 현상도 나타났다. 그 요인으로, 일부 기업에 합법적인 외화 보유가 허가되어 거주자 개인의 외화 사용 한도액도 인상된 점, 아시아 일부 국가의 중국에 대한 수입 대금 지불이 밀린 점 등을 들 수 있었다. 더욱이 위안화 절하의 억측에서 비롯된 불법적인 외화 보유나 매입이 과열됨에 따라 외환 보유의 대폭적인 유출이 생긴 것도 영향을 주었다.

홍콩 반환과
홍콩달러를 둘러싼 공방

1997년 7월 1일, 아시아 금융위기가 일어나던 바로 그 시각에 홍콩의 주권이 영국에서 중국으로 반환되었다. 중국 당국은 이 역사적인 순간을 애국주의를 고양할 기회라고 판단하고, 일설에는 총액 400억 위안이라는 거액을 투자하여 축하 분위기를 고조시키고 민족의 자부심을 북돋아 주었다. 그 눈물겨운 노력의 상징인, 7월 1일 자정에 진행된 정권인계식 행사에서 실내임에도 불구하고 게양된 붉은 오성기가 나부끼게 했다.

그해 10월부터 홍콩달러는 헤지펀드의 심한 투기 공격의 표적이 되어, 홍콩의 금융관리국은 홍콩달러 매입과 고금리 유도 정책을 필사적으로 전개했다. 그 결과 홍콩 시장의 주가지수는 23퍼센트나 급락했지만, 미국 달러와의 페그제는 유지되었다. 중국은 뒤늦게 금융 개방을 한 것 자체가 행운이 되어 아시아 금융위기의 직접적인 충격은 면했지만, 자국의 일부가 된 홍콩에까지 미친 연쇄 반응인 통화 금융위기의 위협에 놀라움을 감추지 못했다.

중국의 지도자들이 경제 안전보장을 새로운 안전보장 개념으로 받아들인 건 그해 연말이다. 12월에 처음으로 열린 '아세안+3' 정상회의와 동시에 개최된 아세안 창설 30주년 축하대회에서, 첸치천(錢其琛) 부총리는 금융위기를 통해 경제 안전보장이 안정과 발전의 중요한 구성 요소임이 명확해졌다며, 지역과 세계 차원에서 금융 협력을 강화하고 국제 투기자본의 공격을 공동으로 방어해야 한다고 발언했다. 즉, 앞에서 살펴본 협조 안전보장에 더하여 종합 안전보장의 사고방식이 새로운 안전보장 개념의 한 요소가 되었고, 중국은 지역주의 정책을 더욱 추진해 나갔다.

금융개혁과 내수확대 정책

아시아 금융위기가 발생하기 전부터 중국경제는 경기후 퇴 국면에 직면하고 있어, 대책을 둘러싸고 심각한 정책 논쟁이 벌어지고 있었다. 첫 번째 논점은 물가 안정과 경 기 자극 가운데 어떤 정책을 우선할 것인가 하는 문제였다. 두 번째 논점 은 제도 개혁에 속도를 내는 문제를 둘러싼 시비와 그 시점이었다. 미시 적인 개혁을 중시하는 리이닝(厲以寧) 같은 교수들은 일부 사람만이 피 해를 받는 실업은 인플레 이상으로 사회모순을 격화시킨다며 재정 지출 이나 금융 완화를 통한 경기 자극책을 주장했다. 한편, 거시적인 균형을 중시하는 우징롄(吳敬璉) 같은 교수들은 인플레가 심해지면 일반 서민이 큰 타격을 받는다며 반론을 폈다. 주룽지는 후자의 주장을 지지하고 있 었지만, 아시아 금융위기를 직면하고 나서 정책 전환이 검토되었다.

금융위기가 발생함에 따라 재정 금융의 긴축 지속이냐 완화냐를 둘러 싼 논쟁에 결론이 나고, 중국 정부는 적극적인 내수확대 정책에 착수했 다. 1998년 1월 1일부터 국유 상업은행에 대한 대출 총량규제가 철폐되 고, 자산부채 비율에 따른 관리로 이행이 진행되었다. 다만 그것이 반대 로 대출 거부의 원인이 될 수 있다는 판단이 서자, 대책의 일환으로서 상 업은행의 예금준비율을 내리는 등의 방책이 나왔다.

당 조직의 강화

경제정책 결정의 주도권을 쥐고 있던 지도자들은 아시 아 금융위기의 충격에 위기감을 느끼면서도, 반대로 위 기를 이용하여 경제적으로는 제도 개혁을 진척시키고 정치적으로는 당 중앙의 통제를 강화한다는 대책을 세웠다. 주목해야 할 움직임 가운데 하나가 개혁을 통한 금융의 건전화라는 과제가 국가안보의 중요 부분으 로 경제 안전보장과 결부된 점이다. 또 하나는 중국의 시장경제를 유지하는 필요불가결한 장치로서 당 조직을 강화하는 움직임이었다.

　주룽지를 수반으로 한 새 정부는 1998년 3월에 발족하자 마자 여태 껏 유착되어 있는 정부와 기업의 분리를 주요 목적으로 정부기구 개혁을 실시한다. 계획경제 시대부터 기업을 직접 관리해 온 온갖 생산·유통 담당 부문을 폐지·통합하고, 국무원의 직원도 절반 정도 줄였다. 금융 분야에서는 7대군구의 설치와 같은 발상에서 설치한 인민은행의 성급 분행(지점)을 철폐하고 몇 개 성을 통괄하는 분행을 아홉 개 신설했다. 즉 지방 권력과 관할 지역의 일치를 피하여 지방정부의 간섭을 배제하려고 한 것이다. 더욱이 인사권을 지렛대로 삼아 금융 질서를 회복하고자 중앙금융공작위원회와 지방의 말단까지 뻗어 있는 금융기관 계통 당위원회의 영도-피영도 연쇄 시스템을 확립하고, 당이 금융 부문의 수직적인 인사관리를 관철하는 제도가 정비되었다.

　금융 질서를 회복시키는 수단으로 왜 법률이 아닌 당 조직 강화가 선행했을까? 그 배경에는 시장경제화가 진전됨에 따라 금융의 규모와 역할이 확대되는 한편, 중국의 경제제도와 법제도는 여전히 완비되지 못한 미성숙 상태라는 사정이 있었다. 재정금융가형 중앙주의자는 거시적 통제를 효율적으로 실시하는 구조의 정비를 시도했지만, 이런 수단들은 때때로 지방정부의 간섭이나 감독 제도의 부족으로 충분히 기능하지 않았다. 그런가 하면 지방이나 기층의 규율을 바로잡는 데 효과적인 수단이 되는 인사권은 사회주의의 조직 원칙에 근거하여 당의 손에 장악되어 있었다. 때문에 중앙 통제와 경제 규율을 재빠르게 강화하기 위해서는 당 조직을 활용하는 것보다 좋은 수단은 없었다. 그런 의미에서 사회주의와 시장경제의 모순을 현대 중국에 맞게 지양(止揚)하는 방식이었다고 볼 수 있다.

실질적인 공유제 포기 사회주의와 시장경제의 모순이 표면화된 영역 가운데 하나가 바로 소유제를 둘러싼 문제였다. 1990년대는 경제에서 차지하는 국유기업의 비중이 현저히 떨어지는 시기였다. 예컨대 1997년에 국유 공업기업이 공업기업 전체에서 차지한 비율은 생산액으로 보면 25.5퍼센트, 종업원 수로 보면 27.8퍼센트에 지나지 않았다. 이런 상황과 관련하여 국유기업의 비중 하락이 사회주의 경제의 기초를 위협하고, 당의 영도와 중앙정부의 권위를 약화시킨다는 위기감을 품고 있는 정치 중시론자가 있었다. 다른 한편으로는 효율 향상을 위해서 국가는 인프라나 공익 부문 및 국민경제의 기간산업을 제외한 일반적인 경쟁성 산업을 소유해서는 안 된다고 주장하는 경제 중시론자가 있었다. 이데올로기나 정치적인 견지에서는 전자도 일리가 있고, 경제적인 견지에서는 후자가 맞다. 바로 이 문제에 사회주의와 시장경제의 모순이 첨예하게 표출된 것이다. 정권의 중심에 있는 중간파는 애매한 태도를 취할 수밖에 없었다.

1997년 제15회 당대회에서는 이른바 덩샤오핑 이론이 정통 교의로 인정되고 사회주의에 관한 이해는 이전보다 한층 유연해졌다. 그러나 사회주의의 기본 경제제도인 공유제를 유지하는 원칙은 여전히 포기되지 않았다. 사회주의는 초기 단계에 있다는 판단에서 사유제의 발전도 인정하지만, 어디까지나 공유제가 주체가 되지 않으면 안 되었다. 공유제가 주체라는 의미는 국유기업이 국민경제의 운명을 쥐고 있고 경제 발전을 주도한다는 질적인 측면뿐 아니라, 공유 자산이 사회 총자산에서 우위를 차지해야 한다는 양적인 측면도 포함한다는 논리였다. 이를 전제로 공유제를 실현하는 한 가지 형식으로서 주식제가 인정을 받아 매각을 포함한 국유 소형기업 활성화 정책이 출범되었다.

국유 소형기업의 매각 그러나 공유 자산이 양적인 우세라는 큰 틀 안에서도, 중앙정부가 '세 가지 유리론'에 맞는 소유 형태를 인정함에 따라 지방에서는 국유 소형기업 매각에 박차가 가해졌다. 그러나 실제로는 국유 소형기업의 매각이 1990년대 초기부터 산둥이나 쓰촨 같은 성에서 현급 지방의 재정이나 경제의 어려움을 해결하는 수단으로 이미 벌어지고 있었다. 제15회 당대회 이후에 대대적으로 추진된 배경에는 재정금융가형 중앙주의가 성공하여 인플레를 잡았지만, 그 효력이 도를 넘어 오히려 경기가 정체되고 국유기업의 경영 부진이 더 한층 심각해진 사정이 있었다.

예를 들면, 허난 성은 1998년의 1분기에 과거 십 몇 년 동안 없었던 심각한 경제 상황에 빠져 갖가지 소유 형태를 합친 성 전체 공업기업의 종합 손익은 적자였다. 궁지에 몰린 허난 성은 국유 중대형기업의 혼합소유제를 실시하고, 경쟁성 산업에 속하는 국유 소형기업을 매각한다는 기본 방침을 정했다.

랴오닝 성 하이청(海城) 시는 주식제의 실시에 즈음하여, 많은 주식을 경영진에 집중시켜 경영자의 권한과 책임, 인센티브를 높이는 방식을 취했다. 이런 조치에 대해, 하이청 시의 방식은 사유화이며 국유 자산의 유출이라는 비판이 집중되었다. 랴오닝 성 당국은 '세 가지 유리론'을 좀 더 구체화시킨, 이른바 지방판 '세 가지 유리론'으로 반박했다. 즉 지역 경제의 발전에 유리한가, 재정 수입의 증가에 유리한가, 취업 기회의 증가에 유리한가, 이 세 가지 기준에 따라 정책의 타당성을 판단해야 한다고 갈파한 것이다.

그런데 1998년 7월, 국가경제무역위원회는 지방에 불어 세 가지 요구 닥친 국유 소형기업 매각 열풍을 제지하는 통지를 발포했다. 이 통지는 무질서한 매각에 따르는 기업 구조조정으로 실업자가 증가하여 사회 안정에 영향을 끼치고 있을 뿐 아니라, 국유 자산이 저가격, 무상에 가깝게 개인에 분배되거나 매각이 채무 도난의 구실이 되는 상황에 대한 견제였다. 주룽지 총리도, 일부 지방이 국유 소형기업을 매각한다는 명목으로 실제로는 무료로 넘겨 버리거나 은행에 대한 채무를 소멸하는 등 국유 자산이 대량으로 유출되는 사태는 단호히 제지해야 한다고 강조했다.

이러한 상황에서 내릴 수 있는 결론은 소유제 개혁을 둘러싸고 '세 가지 요구'가 존재했다는 사실이다. 하나는, 시장경제를 추진함에 있어 자산의 효율적 배치를 실현하고 또 지방의 재정난이나 경제적 어려움을 타개하려는 경제상의 요구였다. 두 번째는 공유제라는 기본 제도를 유지함으로써 사회주의와 당의 영도를 고수하려는 사상적·정치적의 요구였으며, 세 번째는 국유기업의 소유권 이전 과정에 존재하는 부정행위를 규명하려는 규율상의 요구였다. 이러한 세 가지 단호한 요구에 따라 사회주의 시장경제에서 당의 지위도 미묘한 존재가 되지 않을 수 없었다.

공유제에 관해, 실제의 변화에 의거하여 1999년 9월의 제15기4중전회에서 중요한 변화가 나타났다. 국민경제의 운명을 쥐고 있는 국유기업의 질적 우위만 제기되고 드디어 양적 우위가 포기된 것이다. 그리고 사유화로 이어진다고 정치 중시론자들이 비판한 주식제에 관하여 "주식제와 혼합소유제 경제에 큰 힘을 쏟아 발전시킨다"라고 공식 문서에 처음으로 명기했다. '공유제를 주체로하는 소유제'라는 간판은 바꾸지 않았지만, 그 내용에는 혁명적인 변경이 추가되었다.

2001년, 중국공산당 역사에서 특필해야 할 움직임이 있었다. 그해 7월 1일 중국공산당 창립 80주년 기념강의에서 장쩌민은 사영 기업주, 자본가의 공산당 입당을 실질적으로 용인한 것이다. 설명할 필요도 없이, 본디 공산당은 노동자계급의 전위이며 자본가는 계급의 적이나 다름없었다. 자본가를 입당시킨다는 대담한 결정에는 당 내부의 저항도 컸다. 그러나 반대의 목소리는 억제되어 2002년의 제16회 당대회에서 당 규약이 개정되고, 중국공산당은 노동자계급의 전위임과 동시에 중국 인민과 중화민족의 전위라고 규정되었다.

그 이론적 근거가 된 것은 2000년 2월에 장쩌민이 자신의 '중요 사상'이라고 제시한 '세 가지 대표론'이었다. 공산당이 '선진적 생산력의 발전, 선진적 문화의 전진, 가장 광범위한 인민 대중의 근본적 이익' 세 가지를 대표해야 한다는 주장이다. 가장 눈에 띄는 점은 공유제의 포기와 실질적인 사유화가 진척된 결과, 필연적으로 신흥 사회 세력으로 대두하는 사영 기업주를 '광범위한 인민'에 포함시킨 데 있었다. 이렇게 해서 공산당은 실질적으로 계급정당에서 국민정당으로 전환한다. 이 전환을 정당화한 것은, 당의 사회적 기반을 강화하여 중화민족의 위대한 부흥을 위해 모든 장점을 동원하고 흡수해야 한다는 논리였다. 중국공산당은 이미 사회주의가 아닌 개발주의와 내셔널리즘에 의거한 정당임이 명확히 드러난 것이다.

4장

두 개의 중앙 지도부

2002~2012

1. 과학적 발전관

**후진타오 정권과
'두 개의 중앙'** 2002년 11월의 제16회 당대회를 앞두고, 당과 국가, 군의 최고 권력을 독점하고 있던 장쩌민의 거취가 주목 대상이 되었다. 그는 당 총서기, 국가주석, 그리고 중앙군사위원회 주석까지 맡고 있었다. 과연 10년 전 전당대회에서 덩샤오핑에 의해 후계자의 지위에 오른 후진타오(胡錦濤)에게 권력이 순조롭게 이행될지, 인사를 둘러싸고 여러 가지 억측이 생겼다.

먼저, 차츰 제도화되는 정치에 착안하여 장쩌민이 총서기 직함과 함께 중앙군사위원회 주석 자리를 내놓는 게 틀림없다는 전문가들이 있었다. 만약 후진타오가 당의 일인자인 총서기에게 취임하고도 중앙군사위원회 부주석에 머무른다면 '당이 총(군)을 지휘한다'는 중국공산당의 중요 원칙에 어긋나므로, 이는 있을 수 없는 일이라는 제도론에 입각한 사고방식이었다.

반대로 권력투쟁을 중시하는 사람들 사이에는, 장쩌민은 권력에 집착하고 있고 어떤 자리도 양보하지 않을 거라는 견해가 있었다. 또 그동안 총서기와 국무원 총리가 같은 인맥 계통에서 나온 사례가 없었기 때문에, 간쑤 성에서 함께 경력을 쌓았고 장쩌민을 중심으로 하는 상하이파에 대비되어, 일부에서 '서북파'(西北閥)라고 알려진 후진타오와 원자바오(溫家寶) 조합의 탄생은 있을 수 없다는 연구자도 있었다.

결과적으로, 장쩌민은 총서기의 자리에서는 물러났지만 중앙군사위원회 주석 자리에 머물렀다. 장쩌민이 등용한 여러 군 고위 간부들이 그의 유임을 요구했지만, 맨 먼저 입을 연 인물은 총정치부 주임인 쉬차이허우(徐才厚)였다. 쉬차이허우에 따르면, 장쩌민의 유임은 '당의 중대한 정치 선택, 전당·전군·전인민의 바람, 당 사업의 융성 발전 및 국가의 장기 안정과 군대 건설 추진의 정치적 보증'이었다. 장쩌민의 전기에서 장쩌민 스스로도, "통솔력이 있는 인물이 필요하다"며, 요컨대 "유임해서 후진타오를 돕는 것이다"라고 설명한 적도 있다. 더욱이 당대회 후, 모든 중대 문제에 대해서 장쩌민의 의견을 청취한다는 지시가 중앙위원회의 문서로서 당 주요 기관의 고위 간부에게 전달되었다. 그리고 적어도 2년 안에 어려운 문제에 부딪치거나 정치국 내부에서 논쟁이 발생할 경우, 장쩌민의 의견을 듣고 그의 결정에 따르는 것으로 정치국에서 합의되었다.

다른 직위에 관해서는 당대회와 2003년 봄의 전인대에서 정식 결정되었는데, 당과 국가기관의 지도자 선정에서 상당히 명백한 '파벌 균형 인사'가 이루어졌다. 오른쪽 표에서도 알 수 있듯이, 장쩌민 계열과 후진타오 계열의 지도자가 균형 있게 배치되었다. 예를 들면, 총서기와 총리에는 후진타오와 원자바오가 취임하지만, 나머지 정치국 상무위원에는 장쩌민 계열의 인물이 취임했다. 또 국가주석과 부주석 또는 전국인민대표대회 상무위원장과 수석상무부위원장, 국무원 총리와 수석부총리 등 동일한 기관의 정부 직위에는 서로 다른 인맥 출신이 배치되었다.

중화인민공화국 당정 지도자들(2003년 3월)

정치국 상무위원회

○후진타오(총서기, 국가주석, 중앙군사위원회 주석)

●우방궈(전인대 상무위원장)

○원자바오(국무원 총리)

●자칭린(정치협상회의 주석)

●쩡칭훙(국가부주석)

●황쥐(국무원 부총리)

△우관정(중앙규율검사위원회 서기)

●리창춘(중앙정신문명건설영도위원회 주임)

△뤄간(중앙정법위원회 서기)

중앙군사위원회

주석: ●장쩌민

부주석: ○후진타오, ●궈보슝, 차오강촨

위원: ●쉬차이허우, 량광례, 랴오시룽

국가주석, 부주석

국가주석: ○후진타오

국가부주석: ●쩡칭훙

전국인민대표회의

상무위원장: ●우방궈

수석상무부위원장: ○왕자오궈(정치국 위원, 총공사 주석)

국무원

총리: ○원자바오

부총리: ●황쥐, 우이, 쩡페이옌, 후이량위

국무위원: ●저우융캉, 자오강촨, ●탕자쉬안, ●화젠민(비서장 겸임), ●천즈리

○후진타오계, ●장쩌민계, △중립계 또는 다른 계파, 표시 없는 것은 불명

제16회 당대회에서 또 하나 중요한 부분은, 장쩌민이라는 개인 이름은 붙이지 않았지만 장쩌민이 제기한 '세 가지 대표론' 중요 사상이 마르크스·레닌주의, 마오쩌둥 사상 및 덩샤오핑 이론과 함께 당의 행동 지침이 되었다는 점이다. 그리고 장쩌민을 주요 대표로 하는 중국공산당인에 의해 '중요 사상'이 형성되었다고 당 규약에 명시했다. 한 지도자 생존하고 있을 때 이러한 사상적 권위가 확립되는 것은 마오쩌둥 이래 처음이었다.

후진타오·원자바오 정권은 실로 미묘한 당내의 세력균형을 기초로 성립한 정권이었다. 오랫동안 중앙 지도부에 있었던 리펑이나 리루이환(李瑞環), 주룽지까지 은퇴했지만, 장쩌민의 영향력은 짙게 남았다. 돌이켜 보면 덩샤오핑은 제2차 천안문 사건 이후 장쩌민을 '제3세대 영도 집단의 중핵(중국어는 '핵심')'이라고 부르고, 다른 지도자에게 장쩌민의 권위를 존중하도록 시달하면서 "어떤 영도 집단에도 반드시 중핵이 있어야 한다"고 덧붙였다. 덩샤오핑의 이 생각은 총서기 자오쯔양과 중앙군사위원회 주석인 자신의 대립이 당시의 위기를 불러온 요인 가운데 하나였다는 반성에서 나왔다고 추측된다. 덩샤오핑은 제13회 당대회에서 중앙군사위원회 주석의 자리도 내놓고 완전히 은퇴했더라면 더 좋았을 거라고 생각해 왔다고 제2차 천안문 사건 뒤에 이야기했다.

그런데 이른바 그 은혜를 받은 장쩌민은 덩샤오핑의 유훈을 돌아보지 않고, 후진타오를 핵심이라고 부르지 못하게 했다. 후진타오 정권은 '후진타오 동지를 핵심으로 하는 당 중앙'이 아니고, '후진타오 동지를 총서기로 하는 당 중앙'이라고 하는 미묘한 호칭밖에 얻지 못했다. 이렇게 장쩌민과 후진타오를 각각 중심으로 하는 '두 개의 중앙'이 존재한다고 야유를 받는 사태가 벌어진 것이다.

사스의 발생

국가의 새 지도자가 전인대에서 선출되어 후진타오 정권이 명실상부하게 성립된 2003년 봄, 중국 사회를 뒤흔드는 대사건이 일어났다. 사스(SARS, 중증급성호흡기증후군)의 대유행이다. 최초의 환자는 2002년 11월에 광둥 성에서 발병했다고 알려지고 있지만, 그 이듬해인 2003년 2월에 위생부는 세계보건기구(WHO)에 환자 수가 305명이고 그중에 사망자가 5명이라고 보고했다. 하지만 치료약이 발명되지 않은 동안 SARS는 국내외에 빠른 속도로 전염되었고, WHO는 4월 2일에는 홍콩과 광둥 성에 대해 해외 출국 연기를 권고했다.

그다음 날 장원캉(張文康) 위생부장은 기자회견에서 SARS가 이미 억제되었고 중국은 안전하다고 발언했다. 그러나 베이징의 인민해방군 301병원 의사 장옌융(蔣彦永)은 실제 감염자 수가 위생부장이 언급한 수보다 많다는 사실을 외국 미디어에 밝혔다. 당초 WHO의 현지조사는 허가되지 않았고, 허가됐을 때에도 환자를 이동시키는 등 실태를 은폐하려는 당국의 대응에 나라 안팎의 불만이 터져 나왔다.

후진타오와 원자바오는 정보 공개를 지지하고, 감염 방지를 진두에서 지휘하는 자세를 보였다. 장쩌민을 포함해 장쩌민계의 지도자들은 당초 사람들 앞에 전혀 모습을 나타내지 않았다.

SARS와의 전투가 본격적으로 시작되는 4월 하순, 정보 공개가 늦어진 책임을 지고 장원캉과 베이징 시장 멍쉐눙(孟學農)이 실질적으로 해임되었다. 장원캉은 과거 장쩌민의 주치의였다. 반면 멍쉐눙은 그해 1월 시장 취임 때, 자신은 예전에 공산주의청년단(공청단) 제1서기였던 후진타오의 지휘 하에 있었고 후진타오의 공정하고 성실한 모습에 깊은 인상을 받았다고 발언한 인물이다. 두 사람의 해임은 결국은 아픔을 나누는 형식이었고, 균형 인사의 철저함을 상징하는 사건이었다.

후진타오와 원자바오는 도시의 사구(社區)거민위원회나 농촌의 촌민위원회 같은 주민 조직을 동원하며 이 위기에 대응했다. 6월 24일, WHO는 중국에서 SARS 감염이 고비를 넘겼다고 발표했다. SARS로 인한 사망자는 중국에서 349명, 전 세계적으로는 800명에 달했다. 감염을 두려워 외출을 삼가는 사람도 많아, 1분기에 9.9퍼센트였던 경제성장률은 2분기에 6.7퍼센트에 머물렀다. 비교적 타격이 컸던 업종과 지역은 서비스업이나 객지벌이 노동자를 유출하는 농촌이었으며, 2분기의 농민 평균수입은 35위안 감소했다.

'조화로운 사회' SARS에 대응하는 과정에서 인기가 높아진 후진타오와 원자바오는 2003년에 벌써 시정의 독자노선을 모색하기 시작했다. 향후 10년 간의 경제개혁에 관한 청사진을 보여 준 그해 10월 제16기3중전회의 결정은, 원자바오 총리를 좌장으로 하는 기초 그룹에 의해 작성되었다. 후진타오가 기초 그룹에 한 지시는 "사람을 근본으로(以人爲本) 협조적이고 전면적이고 지속 가능한 과학적 발전관을 강력하게 수립하라"였으며, 이는 '후진타오 총서기의 중요 사상'이라고 보고되었다. 그 사상의 중요한 부분은 다섯 가지 균형적인 발전에 유념하는 것이었다. 도시와 농촌의 발전, 연해와 내륙 등 지역의 발전, 경제와 사회의 발전, 사람과 생태계의 조화로운 발전, 그리고 국내 발전과 대외진출 다섯 가지였다.

과학적 발전관의 내용은 차츰 구체화되었다. 2004년에 제시된 '조화로운 사회'의 구축 등 여러 가지 슬로건이 나왔지만, 요점은 사회적 약자에 대한 배려이며 균형 잡힌 발전의 강조였다. 특히 중요시된 건 '3농 문제'(농업의 침체, 농촌의 황폐, 농민의 빈곤)였다. 국무원 발전연구중심의 주임 왕멍쿠이(王夢奎)에 따르면, 2000년부터 2002년까지 수입이 증가한 농가는 전체의 56.4퍼센트였던 데 비해 수입이 감소한 농가는 42퍼센트에 달했다. 또, 3천만 명의 농민이 여전히 '원바오(溫飽, 기본 이식주가 해결된 상태)를 실현하지 못하고 있고, 6천만 명이 불안정한 생활을 하고 있었다. 도시 주민과의 수입 격차는 2002년에 1 대 3.1으로 확대되었고, 수입 격차에 반영되지 않은 사회보장 같은 요소를 추가하면 실제로는 1대 5 또는 1대 6이었다.

과학적 발전관을 구현한 정책에는 3농 문제의 해결을 위한 투자 확대나 중국 역사상 처음인 농업세 폐지(2006년부터), 농촌의 사회보장제도 확대, 도시에 있는 객지벌이 노동자들의 대우 개선, 불법 토지 수용의 방지와 경지의 보호, 에너지 절약과 환경보호의 추진, 서부 대개발 프로젝트, 동북구 공업기지의 진흥(일본이나 한국에도 지원 요청이 왔다) 같은 예를 들 수 있다. 모든 정책이 좋은 결실을 본 것은 아니고 결과적으로 조화된 사회가 실현되었다고는 말하기 어렵지만, 농촌 진흥이나 농민의 생활 개선에서 어느 정도 성과를 거둔 점은 평가할 수 있다.

대일 신사고 외교의 제기

후진타오 정권의 외교에서 가장 다루기 어려운 문제 가운데 하나가 대일 관계였다. 2001년에 고이즈미 준이치로(小泉純一郎)가 총리로 취임되면서, 그는 자민당 총재 선거 때의 공약인 야스쿠니신사 참배를 8월 13일에 실행한다. 약 두 달 뒤 고이즈미 총리는 베이징을 당일치기로 방문하고, 현역 총리대신으로서 처음 루거우차오(盧溝橋, 중일전쟁이 시작된 장소—옮긴이)의 중국 인민항일전쟁기념관을 방문했다. 그 자리에서 "침략으로 희생된 중국 사람들에 대해 마음속으로부터 사죄와 애도의 뜻을 갖고 여러 전시를 돌아보았다"고 말했다.

또한 고이즈미는 총리 임기 중에 중국의 경제 발전은 일본에게 위협이 아니라 기회라고 줄곧 언급했고, 지역 협력에 적극적인 역할을 하려는 중국의 자세를 일관하게 높게 평가했다. 2002년 4월에는 아시아판 다보스포럼을 표방하며 중국 하이난도(海南島)에서 개최된 제1회 보아오아시아포럼에 출석하여, 개별적인 노력을 지역적 경제 통합에 유기적으로 연결하는 것이 동아시아의 전략적 과제라고 호소했다.

이러한 고이즈미의 태도를 중국 측이 높게 평가한 것만큼, 2002년 4월의 두 번째 야스쿠니신사 참배로 인한 충격은 컸다. 한편, 5월에 탈북자가 선양의 일본총영사관에 뛰어든 사건을 둘러싸고 일본 측에서 중국 정부의 대응에 강한 비판이 일어났다. 중국 측에서는 은퇴 직전인 정치협상회의 전국위원회 리루이환 주석을 필두로 그해 가을부터 2003년 1월에 걸쳐서 많은 전문가들을 모아 대일본 정책을 검토시켰다. 검토 안에는 일본 측을 비난하는 의견뿐 아니라, 장쩌민 정권 아래에서 나타난 중국 측의 문제점도 지적하고 중일 협조를 주장하는 의견도 많이 나왔다고 한다.

한편, 2002년 11월부터 2003년 봄에 걸쳐 잡지《전략과 관리》에 인민일보 논설위원 마리청(馬立誠), 중국인민대학의 스인훙(時殷弘) , 중국사회과학원 일본연구소의 펑자오쿠이(馮昭奎) 등이 이른바 '대일 신사고'(對日新思考) 논의를 전개하며, 역사 문제에 구애받지 않고 대일 관계를 발전시킴으로 얻는 이익을 주장했다. 마리청은 2002년의 당대회에서 서열 5위에 승진한 쩡칭훙(曾慶紅)의 지지를 얻었다는 말도 전해졌다. 쩡칭훙은 같은 해 고이즈미가 야스쿠니신사를 참배한 직후에도 일본을 방문하고 노나카 히로무(野中廣務) 자민당 전 간사장과 회담한 바 있다.

후진타오와 고이즈미 준이치로가 처음으로 회담한 것
은 2003년 5월 말 상트페테르부르크에서였다. 회담에
서 후진타오는 SARS와의 전투에 일본이 앞장서서 최대
의 무상원조를 한 데 대해 감사를 표하는 동시에, 야스쿠니 문제는 언급
하지 않고 양국의 협력이 아시아와 세계의 평화, 안정, 발전에 중요한 공
헌을 가져온다고 발언했다. 이처럼 적극적인 대일 자세를 표명할 수 있
었던 데는, SARS 퇴치에 성공하여 후진타오의 성망이 국내에서 높아진
배경이 있다고 볼 수 있다. 그 회담으로 설립이 합의된 새 중일우호 21
세기위원회 중국 측 단장에는 친일적이었던 후야오방 전 당총서기의 비
서를 맡았던 정비젠(鄭必堅)이 취임했다. 그리고 같은 해 8월에는 리자
오싱(李肇星) 외교부장이, 9월에는 서열이 후진타오 다음인 우방궈(吳邦
國) 전인대 상무위원장이 방일하여 중일 관계의 발전이 아시아와 세계
에 중요하다고 호소했다.

이러한 적극적인 대일 자세는 그 무렵 지역 협력을 중시하는 중국의
외교정책과 밀접한 관계가 있었다. 2002년 11월에는 중국-아세안 포괄
적경제협력대강협정에 조인하고, 2003년에는 한반도 정책을 변경하여
활발한 외교 활동을 추진하면서 북한의 핵 개발 문제에 관한 6자회담 협
의 틀을 마련하게 된다. 1990년대 후반부터 세기의 전환점에 박차를 가
한 지역주의 외교는 '이웃과 사이좋게 지내고, 이웃을 동반자로 삼는다'
(与隣爲善爲, 以隣爲伴), '이웃과 화목하고, 이웃을 안심시키고, 이웃을 부
유하게 한다'(睦隣, 安隣, 富隣)는 새로운 슬로건 아래 추진되었다. 왕이
(王毅) 외교부 부부장은 아세안+3 및 한중일의 연대로 협력을 추진하려
고 했다. 중일 관계의 발전이 그 지역주의 외교를 추진하는 데 중요한 요
소임은 의심할 여지가 없었다.

그러나 새 정권의 대일 융화 자세는 점차 비판을 받게 된
다. 논점 가운데 하나는 역사 문제에 대한 취급이었다.
대일 신사고를 둘러싸고 연구자들로부터 강한 반론이
나왔다. 치열한 논쟁이 전개되던 2003년 여름부터 가을에 걸쳐 갖가지
사건이 잇따라 발생했다. 구일본군이 버리고 간 독가스 무기에 의해 동
북 지역 치치하얼에서 사상자가 생긴 사건, 주하이(珠海)에서 일본의 건
설회사 직원들이 집단 매춘한 사건, 나아가 시안(西安)의 시베이대학에
서 열린 문화제에서 일본인 유학생의 '촌극'(寸劇)이 도화선이 되어 대규
모 반일폭동까지 발생했다.

그리고 같은 해 12월에는 탕자쉬안(唐家璇) 국무위원의 주최로 대일
외교에 관한 대규모 회의가 열려, 역사나 타이완 문제를 둘러싼 원칙을
분명히 하는 방침이 확정되었다. 같은 달에는 일본 최남단의 오키노토리
(沖ノ鳥) 섬은 주위에 배타적 경제수역을 설정할 수 있는 '섬'이 아닌 '바
위'일 뿐이라고 중국 정부가 주장하기 시작했다. 또 '댜오위다오'(釣魚
島, 센카쿠열도의 중국 이름)를 지킨다'는 활동가 조직인 댜오위다오수호
연합회가 설립되어, 여태껏 일본에 대한 민간의 전쟁배상 청구 운동을
벌여 온 퉁쩡(童增)이 대표로 취임했다. 2004년 3월, 이 단체의 활동가
일곱 명이 오우쓰리시마(魚釣島)에 상륙하여 오키나와 현경찰서에 체포
된 후, 입국관리법에 따라 중국에 강제 송환되었다. 이는 4월 초로 예정
되어 있던 가와구치 준코 외무장관의 중국 방문을 열흘 앞두고 일어난
사건이었다.

대일 신사고 외교의 좌절 중국 국내에서 후진타오의 부드러운 대일 자세와 다른 움직임이 나타난 요인 가운데 하나는 일본 측의 적극적인 '대중 신사고'가 보이지 않은 데 있다. 고이즈미 총리는 해마다 한 번씩 야스쿠니신사 참배를 해왔다. 고이즈미는, 만일 중국의 말을 듣고 참배를 중단한다면 향후의 쌍방 관계가 규정되어 버린다고 생각하여, 어느 정도 대중 배려를 하면서 날자를 선택하여 참배를 계속한 모양이다. 후진타오의 대일 외교가 좌절된 더 큰 요인은 당내에 존재하는 다른 주장이었다. 즉 "역사 문제와 타이완 문제가 양국 관계에서 큰 문제이며, 이 문제들을 엄숙하게 다루고 정확하게 처리할 필요가 있다"(2002년 8월, 후와 데쓰조 일본공산당 중앙위원회 의장과의 회담에서 장쩌민이 한 발언)고 주장하는 세력들의 저항이었다.

당내에서 다른 주장이 실제로 작용한 사례가 바로 중국의 '평화적 굴기'라는 용어의 사용 중지였다. 이 단어는 정비젠이 2003년 11월에 제창한 개념이다. 해외에 존재하는 중국 위협론을 견제하며, 대국의 대두가 전쟁을 초래한 역사를 되풀이하지 않는다는 대외적인 홍보와 동시에, 국내의 배타적·호전적 내셔널리즘에 주의를 주는 데 목적이 있었다. 2003년 12월부터 후진타오나 원자바오도 되풀이해서 사용했지만, 2004년 4월 이후에는 평화적 발전이라는 과거의 표현으로 바뀌었다. 즉 이 표현은 타이완의 독립파들한테 대륙이 무력 행사를 부정했다고 오해될 수 있고 (한달 전에 민진당의 천수이볜이 총통 선거에서 승리했다), 그 밖에 '대두'라는 단어도 오히려 중국 위협론을 부추긴다는 등 이유로 같은 달 정치국 상무위원회에서 지도자가 사용하지 않는 것으로 결정지었다고 전해졌다.

총서기와 총리가 솔선해 사용하기 시작한 개념을 철회하는 것은 흔한 일이 아니다. 거기에는 '또 하나의 중앙'으로부터 나온 목소리가 작용했을 가능성이 높다. 장쩌민의 전기에는, 자신이 중앙군사위원회 주석에 유임하여 군을 통제할 수 있었기에 외교정책과 국내 치안에 강한 영향력을 발휘했다고 적혀 있다.

장쩌민의 군사위원회 주석 사임

2004년 9월, 제16기4중전회에서 장쩌민은 당 중앙군사위원회 주석의 지위를 사임한다. 이 회의의 의제나 제출된 초안을 결정하는 정치국 회의가 열린 것은 7일이었지만, 장쩌민은 엿새 전인 9월 1일에 당 중앙에 사임의 승인을 요구하는 편지를 썼다. 전임 덩샤오핑의 경우, 사임이 결정된 것은 덩샤오핑이 당 중앙에 사임 편지를 쓰고 나서 2개월도 지난 뒤였다. 장쩌민은 9월 1일 이후 활발하게 활동하는 상황에서도 자신의 지위에 대한 미련이 보였다. 정치국이 장쩌민의 사임을 받아들였다는 사실은 극히 소수에게만 알려졌다. 4중전회의 개막과 함께, 장쩌민의 사임이 의제로 오른 것을 알게 된 사람들은 경악했다.

권력투쟁이 다시 시작되고 있다는 사실을 의심하는 사람은 별로 없었다. 그해 8월 22일 덩샤오핑 생탄 100주년에 즈음하여 여러 기념 활동이 벌어졌다. 거기서 강조된 것은 덩샤오핑이 어떻게 미련 없이 후진에 길을 양보했는가는 하는 점이었다. 특히 덩샤오핑의 세 딸은 중앙방송국의 인터뷰 프로그램에서, 아버지가 요직에서 물러나고는 젊은 지도자들을 신뢰했고 자신에게 돌아오는 서류를 보려고 하지 않았다고 강조했다.

그런가 하면 장쩌민으로부터 후진타오로 군권 위양을 요구하거나 그것을 인정하는 군 내부의 분위기가 그해 봄부터 나타나고 있었다. 예를 들면, 후진타오와 군 서열 1위인 궈보슝(郭伯雄) 부주석이 장쩌민과 군 서열 2위인 차오강찬(曹剛川) 부주석보다 앞에 나서서 찍은 사진이 《해방군보》의 1면에 크게 실렸다. 7월 말의 건군기념일 전야에는 차오강찬이 '장쩌민 주석의 지휘를 따른다'는 상투적인 구절을 연설에서 빼는 사태도 발생했다.

후진타오 정권의 딜레마 단지, 장쩌민의 영향력이 곧바로 쇠퇴한 것도 아니었고 권력 기반을 채 구축하지도 못한 후진타오는 '중화민족의 위대한 부흥'을 실현한다는 내셔널리즘 슬로건을 전임자 이상으로 외쳤다. 경제성장의 불균형으로 인해 모순이 커가는 사회를 관리하는 데 조화로운 사회의 구축을 외치며 균형 발전을 진척하는 한편, 내셔널리즘에 의지할 수밖에 없는 측면도 있었다. 거기에 협조적인 외교를 기조로 하려는 후진타오 정권의 딜레마가 내재하고 있었다.

2004년 여름, 중국에서 열린 아시안컵 축구 경기에서 중국인 응원단이 일본 팀과 그 서포터에게 야유를 보내는 광경이 텔레비전 중계를 통해 일본의 시청자에게 그대로 전해졌다. 일본과 중국의 결승전 끝나고 나서는 일본대사관 공사가 탄 차량의 창문유리가 깨졌고, 일본인 서포터들이 몇 시간 동안 경기장에서 나갈 수 없는 상태가 지속되었다. 사회의 일상적인 불만과 반일 정서가 연동하면 당국도 누를 수 없는 사태가 발생할 수 있다는 사실이 명확히 나타났다.

그해 11월에 칠레 산티아고에서 열린 고이즈미와 후진타오의 정상회담에서, 야스쿠니신사 참배를 둘러싼 치열한 교섭이 진행되었다. 회담을 열흘 앞두고는 중국 원자력잠수함이 이시가키 섬(石垣島) 주변의 일본 영해를 침범하여 오노 요시노리(大野功統) 방위청 장관이 해상경비 태세를 발령하는 사태가 발생했다. 중국과 일본의 정상이나 외무장관이 회담하는 기간에 중국 어선이 일본 영해 부근에 나타나는 패턴은 그 뒤로도 되풀이된다. 우연히 발생한 경우도 있었을지 모른다. 그러나 횟수가 너무 많으면, 일본 측에서는 이 배후에 후진타오 정권이 일본에 타협적인 태도를 취하는 행위를 견제하는 세력이 있다고 볼 수도 있었다.

홍콩에 대한 강경 자세와 타이완 정책의 변경 2004년과 2005년에 또 하나 장쩌민의 영향력이 미친 분야는 홍콩과 타이완 문제였다. 2003년 이후부터 활발해지던 홍콩의 민주화 운동에 대해 당초 후진타오 정권은 유연한 자세를 보였다. 그러나 몇 년 후 홍콩에서 2007년의 행정장관 직접선거나 2008년의 입법회 전면 직접선거에 대한 요구가 나오자, 2004년 초 장쩌민은 선전(深川)에서 '홍콩 지도층의 주체는 애국 인사로 구성되지 않으면 안 된다'는 덩샤오핑의 경고를 되풀이했다. 그 뒤로 중국 미디어는 홍콩의 민주파나 중국의 내정 문제에 간섭하는 영국과 미국에 대해 비판을 펼친다.

타이완에 대해서, 1998년 장쩌민은 통일의 시간표가 필요하다고 발언하고, 타이완 당국이 교섭을 무기한 연기할 경우 무력행사도 배제하지 않는 정책을 취했다. 장쩌민은 전기에서, 자신이 조금도 타협하지 않는 강경한 입장을 주장한 예로 타이완에 대한 전쟁 준비를 서두르도록 지시한 점을 들었다. 그러나 후진타오는 2005년 3월에 전인대를 통과한 '반국가분열법'에서, 비평화적 수단을 사용하는 요건을 ①타이완이 중국에서 갈라져 나갈 경우, ②분열을 초래하는 중대한 사태의 변화가 일어났을 경우, ③평화통일 가능성이 완전히 상실되었을 경우라는 세 가지로 한정했다. 4월에는 후진타오의 초청으로 롄잔(連戰) 국민당 주석이 대륙을 방문함으로써 국공 양당의 역사적인 화해가 연출되었다.

그리고 9월의 항일전쟁 · 반파시즘전쟁 승리 60주년 기념대회에서 후진타오는, 국민당이 항일전쟁의 '정면'에서 주체로 싸우고 공산당은 '적의 후방 전장'을 지도하는 국공 양당의 분업이 이루어졌다고 발언하며 국민당의 역할을 높이 평가했다. 그러나 선전과 이론을 담당하는 정치국 상무위원 리창춘은, 그 전날의 강의에서 국민당의 공로는 언급하지 않고 공산당이 "최전선에서 피를 흘리면서 분전했다"고 강조했다. 리창춘이 장쩌민과 가까운 인물임은 잘 알려진 사실이었다.

우이 부총리의
회담 취소

2005년 3월, 유엔에서 안전보장이사회의 개혁 문제를 둘러싸고 논의가 진행되고 있었다. 코피 아난 사무총장이 일본의 안보리 상임이사국 가입을 지지하는 발언을 하자 이에 반대하는 인터넷 서명운동이 미국의 화교계 단체 등을 중심으로 벌어졌고, 중국 국내의 포털사이트에까지 퍼졌다. 4월에는 토요일마다 중국의 여러 도시에서 폭력적인 대규모 반일 시위가 발생했다. 이에 대해 후진타오 정권은 단호하게 단속하는 태도를 보였다. 같은 달 23일 인도네시아에서 열릴 고이즈미 · 후진타오 회담을 앞두고, 중국 미디어는 일시적으로 중일 우호 일색으로 변한다.

하지만 5월 23일, 일본을 방문한 우이(吳儀) 부총리가 고이즈미 총리와의 회담을 당일에 돌연 취소한 채 귀국하는 전대미문의 사태가 발생했다. 그 이유에 대해 도쿄의 중국대사관은 당초 긴급한 공무가 생겼기 때문라고 설명했다. 그러나 베이징의 외교부 대변인은, 우이 일본 방문 중 일본의 지도자가 야스쿠니신사 참배 문제에 대해서 계속하여 중일 관계의 개선에 불리한 발언을 하여 중국 측은 크게 불만이 있었다고 밝혔다. 고이즈미가 중의원 예산위원회에서 야스쿠니신사 참배를 계속 하겠다고 명언한 것은 우이가 일본을 방문하기 전날이었고 중국 측의 혼란은 더욱 심했다.

사실은 우이의 귀국에 관해서는 중국 지도부 내에 의견 불일치가 있었고 그 배후에는 장쩌민의 존재가 있었다고 볼 수 있다. 장쩌민은 5월 4일, 후진타오 등이 반일 시위의 재연을 우려한 '5 · 4운동' 기념일에 일부러 난징대학살 기념관을 방문하여 묵도를 했다. 그 사실이 난징 시 공안국 홈페이지에 게재됨과 동시에, 홍콩의 대륙계 신문《대공보》에 의해 보도된 것은 우이가 귀국한 다음다음날의 일이었다. 그 후 일본에 대한 미디어의 보도는 다시 바뀌어 엄해졌다. 총리가 야스쿠니신사 참배를 계속하는 한 일본과는 화해하기 어렵다고, 장쩌민이 생각했을 가능성이 높다. 그해 가을의 고이즈미 야스쿠니신사 참배 이후, 여태껏 다국간 대화의 장을 빌려서 진행해 오던 중일 정상회담에 중국 측은 응하지 않았다.

'조화로운 세계' 연설　외교정책을 둘러싼 지도부 내의 주도권 다툼은 중일 관계에만 머물지 않았다. 2005년 9월, 후진타오는 유엔 창설 60주년 정상회의 연설에서 영구평화와 공동번영의 '조화로운 세계'(和諧世界) 건설에 노력하자고 호소했다. 과학적 발전관에 근거하여 조화로운 사회를 구축한다는 국내 발전의 슬로건과 보조를 맞추었던 것이다. 10월의 제16기5중전회의 공문서에는 "평화, 공동번영의 조화로운 세계 건설"이 명문화되었고, 후진타오는 2006년의 연두 발언에서도 전년 9월의 유엔 연설에서 한 이 표현을 되풀이했다. 그럼에도 불구하고 리자오싱 외교부장은 2005년의 외교 활동을 총괄하는《인민일보》정례 인터뷰에서 새 방침에 대해 언급하지 않았다. 또한 원자바오

조차 2006년 1월 하순의 춘절인사에서 "평화, 친목, 조화로운 세계"(和平, 和睦, 和諧的世界)라고 표현을 바꾸었다.

장쩌민은 외국과의 치열한 경쟁을 포함하여 중국은 온갖 중대한 도전에 직면하고 있다며, 일종의 위기의식을 환기하려는 의도에서 강경한 태도를 취하고 있었다. 장쩌민한테는 협조적이고 온건한 후진타오의 자세가 어딘가 부족해 보였을 것이며, 이런 인식에 영향을 받아 중국 정부의 외교정책의 일관성이 흔들리고 있다고 생각했을 것이다.

WTO 가맹   2001년 12월, 중국은 관세무역일반협정(GATT) 시대부터의 과제였던 세계무역기구(WTO) 가맹을 실현했다. 그 결과, 무역과 외자 도입 확대와 함께 2002년부터 성장률도 높아져 간다. 예컨대 일본의 중국 수출 전년 대비 성장률은 2002년에 28.2퍼센트, 2003년 43.6퍼센트, 그리고 2004년에는 29.0퍼센트를 기록했다. 홍콩을 제외한 중국이 일본의 최대 무역 상대국이 된 것은 2007년이었다. 당시 일본의 경기가 좋아진 원인 가운데 하나가 중국의 경제적 대두였던 것은 의심할 여지가 없다. 중국은 철강이나 가전, 전자 정보기기 등에서 세계 최대의 생산고를 올리게 되고, '세계의 공장'이라고 불리게 된다.

사람들의 생활수준도 빠른 속도로 향상되었다. 1990년에 각각 13.7제곱미터와 17.8제곱미터이던 도시와 농촌의 일인당 주택 면적은 2006년에 27.1제곱미터와 30.7제곱미터로 두 배가량 확대되었다. 또 도시와 농촌에 100호당 컬러TV 보유 대수는 각각 1990년의 59.0대와 4.7대에서 2007년에 137.8대와 94.4대로, 컴퓨터 보유 대수는 각각 2000년의 9.7대와 0.5대에서 2007년의 53.8대와 3.7대로 증가했다. 오늘날까지 이어지는 중국 사회의 물질적인 변화는 이 시대에 확실하게 형태를 보이기 시작했다고 말할 수 있다.

놀라운 경제성장은 대외관계에도 영향을 미쳤다. '중국 특
국진민퇴　수'가 일본의 미디어에 등장하게 되면서, 고이즈미 총리의
야스쿠니신사 참배 문제나 2002년 5월의 선양 총영사관 사건이 발생했
음에도 중국에 친밀감을 느끼는 일본인 비율은 2003년에 2.3포인트 높
아졌다. 글로벌화 시대라는 특수한 사연이 없어도 경제 교류나 문화 교
류의 진전으로 중국에 대한 호감도는 자연스럽게 높아지는 상황이 나타
난 것이다. 2004년 3월에 실시된 '한중일 3개국 경영자 300명 설문조사'
에 따르면, 세 나라 사이에 자유무역협정이 필요하다고 생각하는 경영자
는 일본에서 70퍼센트, 중국에서 64퍼센트, 한국에서 75퍼센트라는 수
치를 보였다.

대외 경제 교류가 한층 더 활성화되는 가운데 흥미 깊은 현상은 '국진
민퇴'라고 표현되는 국유기업의 재편과 부활이었다. 1990년대 후반부
터 효율화를 목적으로 국유기업의 주식화와 자산의 유동화 움직임이 활
발했고, 동시에 채산성이 나쁜 부문들은 매각되고 있었다. 그 결과 금융
이나 인프라, 에너지, 통신, 공공 서비스 등 국민경제의 중심 부문에는 국
유기업에 의한 독점 체제가 형성되었다. 규모와 정부의 지원을 뒷받침
으로 국유기업이 다시 살아났고 사영 기업을 능가하는 성과를 발휘하기
시작했다.

국유 금융기관의 규율 유지를 위해 1998년에 중앙금융공작위원회가
설치되어, 인사권을 쥔 당이 시장을 감독하는 역할을 맡게 된 경위는 앞
에서 서술한 바와 같다. 그해 국유 대형기업에 대하여 동일한 역할을 하
는 중앙대형기업공작위원회가 설치되었다(이듬해 중앙기업공작위원회로

156　4장 두 개의 중앙 지도부, 2002~2012

바뀜). 이런 당 조직은 2003년의 새 지도 체제 발족 때 폐지되어, 새로 설립된 중국은행업감독관리위원회나 국무원 국유자산감독관리위원회 같은 국가 기관이 그 기능을 흡수하고 그 업무를 담당하게 된다. 예를 들면, 국유자산감독관리위원회는 발족 당초에 196개 국유기업에 대한 감독 관리를 맡았다 (나중에 합병 등이 이루어져 관할 기업 수는 감소하는 경향에 있다).

격화되는 사회 모순 거시경제가 고속 성장을 이룬 반면 그림자 부분이 커진 것도 사실이다. 공안부의 발표에 따르면 2004년에 전국에서 7만4천 건의 집단항의 사건이 발생했고, 직접 비교할 수는 없지만 2005년에는 집단소요 사건이 8만7천 건이나 일어났다. 퇴거 보상금의 미지불, 촌 간부의 공금 유용, 환경오염의 방치 은폐에 이르기까지 소동의 원인은 여러 가지였다. 직접적인 항의 말고도 이런저런 분쟁을 계기로 당국에 대해 쌓여 온 시민들이 분노를 폭발시키는 사례도 적지 않았다.

독직 부패나 권력 남용에 더해 소득 격차도 더욱 확대되어 갔다. 2005년 단계에서, 중국의 지니계수는 사회 안정의 경계선이라고 알려지는 0.40을 넘었다. 2005년 여름, 노동사회보장부 산하에 있는 노동과학연구소는 이런 추세로 격차가 커지면 2010년에는 사회적으로 받아들이기 힘든 정도가 된다고 경고했다. 중국사회과학원 사회학연구소가 2007년에 실시한 사회 상황 종합조사는 이런 상황을 잘 보여 주고 있다. 일인당 소득이 가장 높은 20퍼센트에 속하는 가정의 평균소득이 가장 낮은 20퍼센트에 속하는 가정의 17.1배나 되는 것으로 나타났다. 또한 소득에 따라 일인당 주택 면적이나 냉장고, 전자레인지, 자가용 승용차 같은 내구 소비재의 소유율은 크게 달랐다.

중앙과 지방의 다툼 2005년 3월의 전인대에서는, 민의를 표출하는 채널이 정치제도에 충분히 반영되지 않는다는 문제가 화제로 떠올랐다. 한 대표는 대중의 불만을 방출하기 위한 '감압 밸브'가 필요하다며 "이런 조치가 없으면, 작은 사건이 도화선이 되어 격렬한 반향을 불러일으킬 가능성도 있다"고 언급했다. 이러한 사회 상황이 다음 달(4월)에 발생한 반일 시위의 한 측면이 되었음은 틀림없다.

또한 중앙정부의 처지에서는 경기 과열을 피하기 위한 전반적인 관리 강화가 경제 운영의 과제로 떠오르고 있었다. 원자바오 총리가 특히 긴축정책의 타깃으로 삼은 것은 철강, 시멘트, 부동산, 알루미늄 같은 분야였다. 그러나 10년 전처럼, 지방은 지역 경제의 활성화가 최우선이라고 생각하며 중앙의 통제를 따르려고 하지 않았다. 예컨대 2004년 8월, 필자가 방문한 어떤 지방 도시는 주요 산업이 철강과 시멘트와 부동산이었는데, 중앙의 관리 강화 때문에 힘들지 않냐고 질문했더니 "전혀 관계없다"며 중앙의 지시를 신경 쓰지 않는 모양이었다. 중앙의 지방에 대한 통제력 약화는 중앙 지도부가 단결되지 못한 상황에서 유래하는 부분도 있었다.

중앙외사공작회의 조화로운 세계의 실현을 외치는 후진타오의 협조 노선이 외교정책에 침투한 중요한 계기가 2006년 8월에 열린 중앙외사공작회의였다. 당시《인민일보》사설에 따르면, 이 회의는 외교의 지도 사상, 기본 원칙, 전체 요구와 주요 임무를 명확히 제시하고, 전 당의 사상을 일치시키는 데 중요한 의의가 있다고 보도했다.

이 회의에서 당 중앙의 리더십에 따라 인식과 행동의 통일이 강조되었다. 이 회의는 후진타오가 자신의 권력 기반을 확고히 하는 데에도 중요한 의미가 있었다. 그 결과 중국의 외교는 앞으로 펼쳐질 대일 관계의 드라마틱한 개선이라는 성과를 이루었다.

중앙외사공작회의에서 후진타오는 중앙의 지시에 따라야 한다고 특별히 강조했다. 즉 외사 활동의 정확한 방향을 견지하기 위해 전 당 전국은 중앙의 국제 정세 판단에 생각과 인식을 일치시키지 않으면 안 되고, 중앙이 제시한 대외 국정방침과 전략적 배치에 생각과 인식을 일치 시켜야 하고, 중앙의 대외 활동 방침 및 정책을 단호히 관철해야 하고, 마음을 하나로 합쳐서 협력하여 외사 활동을 잘 추진해야 한다는 것이다. 곧 지금까지는 중앙의 국제 정세 판단이나 대외 활동 방침에 찬성하지 않고, 제대로 외교 정책을 집행하지 않은 사람이 있었다는 얘기가 된다.

중앙외사공작회의가 중국의 국내 정치에서 어느 정도의 의의가 있는지 정확하게 판단하기는 쉽지 않다. 그러나 그 후의 사태 전개는 드라마틱했다. 9월에 상하이 시당위원회 서기 천량위(陳良宇)가 독직으로 해임되었다. 천량위는 상하이에서 경력을 쌓은 순수한 '상하이파'라 볼 수 있는 인물이며, 예전부터 후진타오·원자바오 정권이 추진하려 하는 경제의 거시적 관리에 반대한 지방 지도자였다. 그의 해임은 1995년에 장쩌민이, 덩샤오핑의 측근인 천시퉁(陳希同) 베이징 시당위원회 서기를 독직 문제로 해임하고 자신의 권력 기반을 확고히 한 일막을 방불케 했다.

중일 전략적 호혜 관계 천량위 해임 후인 10월, 후진타오는 총리로 취임한 지 얼마 안 되는 아베 신조(安倍晋三)를 베이징으로 초청하여 전략적인 공통 이익을 바탕으로 한 호혜 관계를 구축하는 데 합의했다. 아베가 베이징을 방문한 10월 8일은 중앙위원회 총회의 개막일이었던 점이 상징적이었다. 즉 후진타오는 이를 계기로 외교 방침을 전환하고, 발전을 위한 전방위 외교를 실천하는 모습을 중앙위원들에게 과시했다. 일본의 총리 교체를 기회로 자신이 제창한 균형 발전을 실현하기 위해서 대일 관계를 개선하고, 주변 국제 환경의 안정 및 경제 교류의 확대와 심화, 그중에서도 특히 에너지 절약이나 환경보호 기술의 획득을 진척시키려 한 것이었다.

사실은 그해 3월 말, 후진타오는 중일우호 7개 단체와의 회견에서 "일본의 지도자가 야스쿠니신사를 다시는 참배하지 않겠다고 명확하게 결단을 한다면," 회담이나 대화를 진척시키고 싶다고 표명했다. 6월에 중국대사 미야모토 유지(宮本雄二)와의 회견에서는 야스쿠니를 언급하지 않고, "조건이 마련되고, 적절한 기회에 귀국 방문을 기대하고 있다"는 표현으로 바뀌었다. 한편, 총리의 야스쿠니신사 참배는 예전부터 아베의 지론이었다. 그러나 총리 취임 가능성이 높아지면서, 아베는 야스쿠니신사 참배를 정치 문제화시켜서는 안 된다고 발언하고 참배 여부에 대해서는 언급하지 않는 태도를 보였다.

이러한 쌍방의 양보 아래 야스쿠니신사 참배 문제라는 유일한 걸림돌이 치워지고 수뇌 교류가 재개되어, 중일 관계는 전략적 호혜 관계라는 한층 높은 단계에 올라설 수 있었다. 야치 쇼타로(谷内正太郎) 외무부 사무차관과 다이빙궈(戴秉國) 중앙대외업무사무실 주임의 셔틀 외교를 통한 신뢰 구축에 더해, 일본에 양보할 수 있는 정도까지 당내에서 후진타오의 권위와 권력이 향상된 점이 막다른 관계를 타개하는 요건이 되었다.

당시 중국의 대일 정책은 정권의 안정 정도를 판단할 수 있는 이른바 바로미터였다. 즉 우호적인 대일 정책을 내세울 때 정권은 비교적 안정되어 있었고, 강한 대일 정책 경향이 있을 때에는 권력 기반이 불안정할 때였다. 그것은 곧 중국의 평화와 발전에 일본과의 양호한 관계는 보탬이 되고, 반면 정권의 구심력을 강화하는 데는 대일 투쟁이 유리하게 작용되고 있다는 점을 보여 주고 있었다.

2. 당내 논쟁의 분출

차기 지도자　　　2006년 여름부터 후진타오의 출신 모체인 공청단 계열 간부가 많이 등용되는 경향이 강해졌다. 2007년 제17회 당대회에서 당시 랴오닝 성당위원회 서기를 맡고 있던 후진타오 직계인 리커창(李克强)이 정치국 상무위원에 올라 후진타오의 후계자라고 예측하는 사람이 많았다. 그러나 결과적으로 정치국 상무위원에서 리커창보다 높은 서열인 당무 담당 상무위원으로 이른바 '총서기 견습 지위'에 오른 이는 시진핑(習近平)이었다.

어째서 이런 인사 배치로 된 것일까? 여기에는 리커창에 대한 당내의 반발이 있었던 것으로 보인다.

첫째, 리커창은 지방의 지도자로서는 특별한 실적을 올리지 못한 이른바 공청단 출신이라는 당파성이 두드러진 존재였다. 공청단 계열은 당시 다른 그룹한테 질투를 받을 만큼 위세가 컸을 뿐 아니라, 후진타오의 지도 아래 균형 잡힌 발전의 중요성을 강조하고 있었다. 이에 대하여 성장의 속도를 중시하고 성장으로 직접적인 이익을 얻는 기득권 이익층이 반공청단 · 반리커창 진영으로 단결하는 권력투쟁의 시나리오를 그릴 수 있었던 것이다. 이런 배경에는, 그 무렵 유력한 당내 세력으로 주목을 받고 있던 태자당, 즉 혁명 원로의 자녀들과 경제계의 깊은 관계가 있었다.

둘째, 계획경제 시대에 형성된 중국의 관료 기구 내 정치 세력의 분포 문제도 있다. 공청단 계열이 강조하는 균형 잡힌 발전을 담당하는 관청은 사회복지나 노동 문제를 담당하는 노동사회보장부나 환경 문제를 담당하는 환경보호총국, 또는 SARS 문제 등을 다루는 위생부였다. 그러나 환경보호총국은 그 당시 아직 부가 아니었고 (2008년에 드디어 부로 승격된다) 위생부도 힘이 약했다. 노동사회보장부도 계획경제 시대에는 힘이 있었지만, 시장경제 시대에는 유력한 관청이라고 말할 수 없었다. 관료 기구 내부의 힘겨루기에는 성장 촉진을 맡고 있는 관청이 유력하다는 기본적 사정이 하나의 요인이 될 수 있었다.

셋째, 리커창은 경제 발전이 비교적 늦고 문제가 많은 허난이나 랴오닝에서밖에 지휘를 맡은 경력이 없었다. 이에 비하여 시진핑은 초기를 제외하고는 푸젠, 저장, 상하이 같은 연해 지방에서 지도 경력을 쌓아 왔다. 연해 지방은 균형 잡힌 발전이나 지역 간 격차의 시정(是正)이 리커창의 주도로 추진되는 것을 피하려고 했다. 내륙이나 중부는 그 반대 입장이었지만 전체적으로 보면 정치력이 강한 쪽은 경제력도 강한 연해 지방이었다.

넷째, 미국에 망명한 민주 활동가 왕쥔타오(王軍濤)가, 1970년대 말 1980년대 초에 베이징대학에서 함께 공부하고 있었을 때 리커창이 민주화에 관해 적극적인 발언을 했다고 저서에 쓴 것이 당내에서 문제가 되었다고 전해졌다.

반면 시진핑은 연해 지방의 지도자로서 무난하게 업무를 수행한 경험과 실적에 더해, 시중쉰 전 부총리의 장남이며 태어날 때부터 다른 혁명 원로의 자녀들과 함께 자란 태자당의 일원으로 정치적으로 신뢰할 수 있다고 인식되었다. 문혁 때엔 산시(陝西)성의 농촌에 내려가 고난의 나날을 경험한 적도 있었다. 1975년 베이징에 되돌와서는 칭화대학 화학공정학부에 입학하여 1979년에 졸업했다. 많은 태자당과 달리, 1982년부터 다시 지방에서 일하겠다고 지원했고 허베이 성 정딩(正定) 현의 부서기와 서기로 일했다.

시진핑 "당시 베이징에서 지방으로 내려간 사람은 자신과 류위안 둘뿐이었고, 우리들은 기대치 않게 행동이 일치했다"고 회상하고 있다. 내륙 지방이나 농촌 생활의 고생을 알고 있다는 의미에서는, 태자당이라 하더라도 후진타오 등 공청단파에 받아들이기 쉬운 인물이었다고 볼 수 있다.

그 밖에 시진핑과 다른 지도자들과의 차이는, 칭화대학 졸업 후에 군인으로서 중앙군사위원회 반공청(弁公厅)에 소속되었고, 정치국 위원이었던 경뱌오(耿飚) 국방부장의 비서를 맡은 경험이 있었다. 또한 재혼한 아내 펑리위안(彭麗媛)은 인민해방군 총정치부 가무단의 인기 가수로, 지금은 단장을 맡고 있는 현역 소장이다. 군인들을 놓고 말하면 시진핑은 이른바 내부의 존재였던 것이다.

제17회 당대회의 인사에서 특별한 점은, 개최 약 넉달 전인 2007년 6월에 새 정치국 상무위원 예비선거가 실시된 것이다. 과거 제15·16회 당대회가 다가왔을 때에는, 중앙당학교에 중앙위원이나 중앙후보위원들과 부장급 이상의 간부들을 모아 놓고 당대회에서 중앙위원회 보고(이른바 정치보고)의 원안이 될 내용을 총서기가 강화(講話)하는 자리가 있었다. 이번에는 발언에 이어 어떤 사람이 새 정치국 상무위원에 어울리는지를 진단하는 인기투표가 진행되었다.

중앙위원, 중앙후보위원 400여 명이 투표에 참여했는데, 당시 발급된 투표용지에는 63세 이하의 부장급 간부 및 대군구직 간부 등 모두 200명에 가까운 후보자의 명부가 올라 있었다. 단지 이 투표의 결과만으로 새 정치국의 라인업이 결정되는 것은 아니었고, 투표 결과를 근거로 조직 부문의 신변 조사와 밀실 토론 뒤에 당 중앙이 최종 후보자 명부를 준비했다. 그 명부는 우선 중앙정치국 상무위원회의 동의를 받은 뒤에 중앙정치국 회의에서 심의 결정되어, 당대회에서 선출된 중앙위원회의 제1회 총회에서 새로운 중앙 영도 기구의 성원이 정식으로 선출되는 절차로 진행되었다.

예비선거에 즈음하여, 후진타오가 제시한 정치국 상무위원의 선출 기준은 다음과 같은 내용이다. 첫째 정치적 입장이 견정하고 과학적 발전관과 당의 정책을 관철 실시하며, 당 중앙과의 고도의 일치를 유지하는 것이었다. 둘째 영도 능력이 있고 실천 경험도 풍부하며, 정확한 실적관을 소유하고 실적이 특출하여 당원과 대중의 지지를 받는 것이었다. 여기에서 '정확한 실적관'이란 성장 지상주의가 아니라 후진타오가 제창하는 '빠른 발전보다도 좋은 발전'이라는 사고방식을 지지하는 것이다. 그리고 세 번째는 사상도 일도 착실히 하고 청렴결백하여 당 안팎으로 좋은 이미지를 갖고 있는 것이었다.

'민주추천' 제도라고 불린 이 제도는 다음과 같은 의의가 있었다. 첫째, 장기적으로 젊고 패기 있는 우수한 인재를 정치국 일원으로 가입시켜 실천 속에서 일찍부터 단련하고 성장을 가속화하여 당과 국가 사업의 후계자를 확보할 수 있다. 두 번째, 신구 세대교체의 제도화를 추진하여, 장차 당과 국가 지도자 선출 제도의 완비를 촉진한다. 세 번째로는 당내 민주주의의 제도화를 촉진한다.

권력 계승이 제도화되지 않은 부분은 일당 지배 체제의 일반적인 약점이다. 혁명 원로의 지명을 통해 정상에 오르는 정통성을 얻는 시대가 지난 상황을 고려하면, 불완전하지만 투표 제도의 도입은 획기적인 조치라고 평가할 수 있다. 단지 이 조치가 건전한 파벌 정치를 발전시키는지, 아니면 인기몰이나 금권정치의 횡행을 초래하는지는 아직 불분명했다.

경제의 조정과 세계 금융위기

후진타오와 원자바오는 속도보다는 균형을 중시하는 발전으로 전환하는 데 힘을 쏟았다. 2006년 말에는 정책 목표를 '빠르고 (효율이) 좋은 발전'에서 '(효율이) 좋고 빠른 발전'으로 변경한다. 2004년부터 중앙정부는 지방정부에 2년에 한 번 최저임금 인상을 지시했고, 2008년 1월부터 노동계약법이 실시되면서 고용 기간의 장기화 등 노동자의 권리 보호가 강화되었다. 그 결과 고용에 신중해지는 기업이 늘어나는 반면, 2007년 3분기부터 물가가 상승하여 정부는 경제의 긴축에 힘을 쏟는다.

여기에 미국의 서브프라임론 위기의 영향까지 겹치면서 수출산업이 큰 타격을 받은 연해 지방들은 반대로 경기 자극책으로 전환할 것을 강력하게 요구한다. 2008년 7월에는 전인대 재경위원회가 금융 긴축정책의 재검토를 국무원에 요구하는 문건을 인터넷에 발표하는 이례적인 사태가 벌어졌다. 8월에 베이징올림픽이 화려하게 개최되지만, 중국사회과학원이 실시한 사회조사에 따르면 당시 도시 지역의 실업률은 9.4퍼센트에 달했다.

2008년 9월, 긴축 유지냐 완화냐를 둘러싼 정치적인 줄다리기가 벌어지는 와중에 미국발 세계 금융위기가 발생한다. 성장률이 8퍼센트 기준에 달성하지 못하자 중국 당국은 대대적인 경기 자극책을 펼쳤다. 11월, 국무원은 2010년 말까지 4조 위안을 투자하고 자동차, 가전의 구입 보조를 실시한다는 방침을 결정했다. 이 정책이 효과를 보아 2009년 1분기의 성장률은 6.1퍼센트까지 떨어졌지만, 결과적으로 연간 성장률은 9.2퍼센트를 달성했다. 다른 나라들에 앞서 경제 위기에서 탈출하는 데 성공한 것이다.

이 결말에서 보이는 것은, 사회의 안정을 유지하기 위해 고용 확보와 이를 지탱하는 높은 성장률을 필요로 하는 중국의 정치사회 구조이다. 이익의 모순을 조정하고 사회의 불만을 흡수·해소하는 정치제도가 구비되지 못한 상황에서, 안정 유지를 지상 과제로 하는 공산당은 균형 발전과 고속 발전을 모두 필요로 하는 딜레마에 빠져 있었다.

'중국 모델'의
주장과 반론

제2기 후진타오 정권의 특징은 중국의 방향성과 관련된 여러 가지 중요 문제를 두고 당내의 의견 불일치가 표면화 되었다는 점이다. 여기에는 이전부터 존재해 온 중국의 개발정책의 역점을 둘러싼 의견 차이나 심각해지는 사회 모순과 같은 국내 요인 이외에, 세계 금융위기의 결과 중국이 세계가 의지하는 대국이 되었다는 국제 요인도 작용하고 있었다.

의견의 불일치는 '중국 모델'을 둘러싼 논쟁에서 분명히 표출되었다.

중국 모델, 또는 '베이징 컨센서스'라는 말은 신자유주의적인 미국 모델이나 워싱턴 컨센서스에 대비되는 개념으로, 원래는 외국인이 먼저 내놓은 표현이었다. 그러나 특히 세계 금융위기 이후, 중국 모델은 분명히 존재하고 유효하다고 주장하는 중국인도 늘어났다. 미국 자본주의의 상징인 자동차 회사나 은행이 부분적으로 국유화됨에 따라 미국 모델의 권위가 실추했다.

반면, 중국 국민경제는 발전하고 사람들의 생활수준은 대체로 향상되었다. 아편전쟁 이래 중국의 국제적인 지위가 이토록 높았던 적이 없고, 불황으로 허덕이는 세계는 G20의 중심 국가로 떠오른 중국이 세계경제를 견인하리라 기대하고 있었다. 이러한 성공으로 '역시 우리들의 발전 방법에 정확한 지점이 있기 때문이며, 오늘날 중국 모델은 세계의 발전 모델이 되었다'고 주장하는 사람들이 나타났다.

그런가 하면, 중국 모델은 존재하지 않으며 함부로 선전해서는 안 된다는 목소리도 들렸다. 중국 모델이란 결국 정부의 통제가 강한 시장경제를 가리키고, 일본인에게 익숙한 개념으로 이해하면 개발독재이며, 중국 특유의 것이 아니다. 게다가 중국은 아직 개혁의 과정에 있기 때문에 정태적인 모델로서 평가하기는 충분하지 않다. 그리고 중국 사회에 대한 현실 인식으로서는, 부풀어난 거시경제의 성공도 그 허울을 벗기면 문제가 산적하고 '모델'이라고 부를 가치가 없다는 주장이다.

개혁을 둘러싼 충돌 중국 모델의 인정 여부는 경제개혁에 관한 의견 불일치와 직결되었다. 중국 모델이 작동하고 있다는 인식에 따르면, 정부의 통제가 강한 현행 경제 시스템을 개혁할 필요가 없다. 게다가 중국의 경제개혁에서 궁극적인 과제는 국유기업의 민영화이지만, 이 문제는 이데올로기를 고수하는 입장에서 반대가 강했다. 그 밖에 국민경제의 주요 부문에서 국유기업 독점 체제에 기득권을 갖고 있는 세력은 당연히 개혁에 강하게 저항했다.

한편 현행의 주요한 성장 방식, 즉 노동력이나 자본 같은 생산요소의 투입 확대에 의존하는 경제성장의 한계를 인식하는 사람도 많았다. 그들은 개혁과 혁신을 통해 생산성을 향상시키지 않으면 중국 경제는 언젠가 막다른 상태에 빠진다고 생각했다. 투자 효율이 떨어지고 거기에 사회의 고령화가 빨라지면서, 생산연령인구가 2012년부터 줄어들기 시작한다고 예측되었기 때문이다. 원자바오 총리도 이런 입장에서 과점 체제 개혁을 거듭 호소했다.

국무원은 2010년에 과점 부문의 기업 이윤과 종업원의 급료가 너무 높다는 이유로 민간 자본의 도입을 주장했다. 또 2011년에는 고액의 브로드밴드 사용료를 문제 삼고, 물가 억제라는 관점에서 통신업계에 대한 독점 금지법 적용을 노렸다. 그러나 이 모두가 기득권층의 저항 탓에 실현하지 못했다.

경제개혁을 가로막는 요소가 이데올로기를 고수하는 좌파나 기득권자라면, 덩샤오핑이 1986년에 갈파한 바와 같이 경제개혁의 관철을 위해서는 저항 세력을 배제하는 정치개혁이 필요하다. 정치개혁에 관해서는 1989년의 제2차 천안문 사건 이후, 민주선거를 통한 촌민위원회(촌사무소) 선출 제도의 도입을 제외하고 눈에 띄는 진전은 없었다. 2011년 3월, 우방궈 전인대 상무위원장은 "국가의 근본 제도 등 중대한 원칙 문제에서 흔들림이 있어서는 안 된다. 흔들린다면 국가는 내란의 심연 속에 빠질 가능성이 있다"고 발언했다. 우방궈는 구체적으로 여러 정당이 교대로 집권하는 정치는 인정하지 않고, 지도 사상의 다원화도 실시하지 않으며, 삼권분립, 양원제, 그리고 연방제도 실시하지 않고, 사유화도 실행하지 않는다고 진술함으로써 정치개혁에 대해 거의 전면적으로 부정했다.

이에 대해 원자바오는, 정치개혁에 관한 적극적인 발언을 되풀이했다. 예를 들면, 2011년 3월의 전인대 폐막 후의 정례 총리기자회견에서, 며칠 전 우방궈의 발언과는 완전히 다른 생각을 제시했다. "정치체제 개혁은 경제체제 개혁을 보장한다. 정치체제 개혁이 없으면 경제체제 개혁은 성공할 수 없고, 이미 얻은 성과도 상실할 위험이 있다." "인민들의 불만을 해결하고 인민들의 바람을 실현하기 위해서는 인민에게 정부를 비판하게 하여, 감독시키지 않으면 안 된다." "공평한 소득 분배를 실현하고 소득 격차의 확대를 서서히 줄여 나갈 뿐 아니라, 교육이나 의료 등 자원 분배의 불공평을 해결하고, 인민들이 개혁개방의 성과를 공유할 수 있게 해야 한다." 원자바오는 총리는 경제의 책임자로서 국민의 불평불만이나 이해 충돌에 대해 잘 아는 입장이었기에 정치개혁의 긴요성을 이해하고 있었다. 이는 1980년대 자오쯔양이 정치개혁을 추진하던 사정과 같았다.

보편적 가치 논쟁 중국 모델이 함의하는 내셔널리즘, 그리고 정치개혁과도 관련되는 건 보편적 가치의 존재 여부를 둘러싼 논쟁이었다. 그 초점은 인권 개념의 보편성에 관한 문제였다. 중국은 사회권에 관련된 유엔인권규약 A를 비준하고, 자유권에 관련되는 유엔인권규약 B에도 서명했다. 2008년 5월 후진타오가 일본을 방문했을 때, 후쿠다 야스오(福田康夫) 총리와 서명한 새로운 중일공동성명에는 일본의 제안에 중국도 동의하고, "국제사회가 모두 인정하는 기본적이며 보편적인 가치에 대해 진일보한 이해와 추구를 위해 긴밀히 협력한다"는 인상적인 한 구절이 들어갔다. 또 2011년 1월, 후진타오가 미국을 공식 방문하여 오바마 대통령과 함께한 백악관 기자회견 때에도 "인권에는 보편성이 있다"고 밝혔다.

하지만 2008년 이후, 이데올로기와 교육 및 미디어를 총괄하는 중앙선전부 관련 기관이나 간부들은 보편적 가치는 존재하지 않는다는 입장을 점차 선명히 했다. 즉 인권은 서양적인 가치일 뿐 서양인이 보편적 가치라고 불러 중국에 주입하려 하는 것이며, 중국을 부정하는 것이라고 했다. 중국사회과학원 원장이 이렇게 발언했을 뿐 아니라, 중국공산당 기관지인 《인민일보》나 당 이론지 《구시》(求是)에 일본의 문부과학성에 해당되는 교육부 등이 논문을 발표하고 보편적 가치를 부정하는 논의를 전개했다.

총서기의 발언과 중앙선전부의 주류 언설 사이의 모순은 민주집중제를 조직 원칙으로 하는 중국공산당에 심각한 사태의 발생을 의미했다. 신화사(新華社)는 놀랍게도 2011년 1월 후진타오-오바마 공동기자회견을 전하며 사진은 전송했지만, 후진타오가 발언한 상세한 내용에 대해서는 보도하지 않았다.

유동하는 사회   후진타오 · 원자바오 정권은 국내에서 조화로운 사회 건설을 목표로 삼았다. 그런데 고도성장은 지속시켰지만 목표로 삼은 균형된 발전이 이루어졌다고 말하기 어려웠다. 2013년 1월 국가통계국의 발표에 따르면, 2010의 지니계수는 0.48에 도달했다(시난 재경대학의 계산은 0.61이었다). '부자 2대, 관료 2대'라는 말이 유행하고, 부자의 자식이 부자가 되고 관료의 자식이 관료가 되는 경향이 널리 인지되었다. 과거에는 추구의 대상이던 '차이니즈드림'이 독직 부패와 심각한 연고주의에 의해 시들어 버렸다. 연고가 없는 농촌 출신 학생들은 대부분 졸업 후 대학의 기숙사를 나가 집세가 싼 교외의 아파트에 모여 살며 열심히 구직 활동을 할 수밖에 없었다. 이런 젊은이들은 '개미족'(蟻族)이라 불리며 관청이나 국유 대기업 등에 직을 두고 있는 '체제 내'라 불리는 이들과 대조를 이뤘다.

또한 뒤떨어진 사회보장제도나 의료 제도의 정비, 사회의 고령화, 대기, 수질, 토양에까지 미치는 환경오염의 악화나 북부의 물 부족, 속출하는 식품안전 문제, 그리고 배금주의의 만연과 윤리 도덕의 쇠퇴로 사회 현상에 대한 불만과 장래에 대한 불안이 커졌다. 그 결과 부유층 사이에는 해외 탈출을 시도하는 이민 붐이 일어나고, 한편에서는 마음의 평안을 추구하여 종교를 믿는 사람들도 늘어났다. 여러 종교가 신자를 늘리는 가운데에서도 기독교 신자의 수가 2009년 단계에 이미 1억 명에 이르렀다는 얘기도 있었다.

윤리도덕 체계를 재구축하는 과정에서 유교의 활용에 대해서도 당내에는 의견 불일치가 있었다. 2006년 후진타오가 사회를 대상으로 한 도덕교육의 일환으로 '여덟 가지 영예와 여덟 가지 치욕'을 제창했다. 이는 공자의 '인'(仁)을 핵심으로 하는 도덕학설, 맹자와 순자의 영욕론(榮辱論) 등 중화민족의 전통 사상과 정신을 계승하고 발전시킨 것이라고 중앙선전부가 인정했다. 브리티시카운슬(영국문화원)이나 괴테인스티튜트 같은 기관의 중국판으로 2004년에 설립된 것이 공자학원(孔子學院)이었고, 2011년 1월에는 천안문 광장의 옆 장안가 도로변에 높이 9.5미터나 되는 공자상이 세워졌다. 그러나 그해 4월, 아무 설명도 없이 공자상은 돌연 철거되었다. 건너편 천안문에 초상화가 걸려 있는 마오쩌둥은 봉건주의의 상징인 공자를 통렬하게 비판하고 있다. 당내에 '공자 알레르기'가 남아 있는 건 조금도 이상한 일이 아니다.

사회를 어떻게 관리할 것인가 공산당에게 큰 과제로 떠오른 것은 후진타오 정권기에 폭발적으로 발달 보급된 인터넷에 대한 관리였다. 인터넷의 보급으로 정보 발신 능력을 갖춘 일반 국민들이 당 간부의 독직 부패나 권력 남용을 폭로하기 시작했다. 2011년에 원저우(溫州)에서 일어난 고속철도 추돌 탈선 사고에서는 '워이버'(微博, 중국판 트위터, SNS) 등을 통해 사고 관련 정보가 사회에 전파되는 등 정보관리 체제가 도전을 받는 사태도 벌어졌다. 이런 사태에 대해 공산당은 한 건에 5마오(伍毛, 0.5위안)의 보수를 주고 당국을 옹호하는 발언을 인터넷에 입력하는 '5마오당'을 고용하거나, 그레이트파이어월이라고 불리는 인터넷 검열 시스템을 도입하고, 불리한 정보의 유통을 체크하는 등 관리 시스템 강화에 열을 올렸다.

그러나 유동하는 사회를 안정시키는 방법에 대해 당내의 의견은 반드시 일치하지 않았다. 후진타오에 따르면, 여러 이익 충돌이 발생하고 있기에 사람들의 불만과 요구 표출이나 모순의 조정과 권익 보장 등을 평화적으로 해결하기 위한 메커니즘을 한층 더 정비해야 했다. 여기에는 이른바 시민사회, 즉 시민이나 농민들 사이에 자발적으로 조직되는 사회 조직을 활용하려는 사고방식이 있었다. 이에 대해 저우번순(周本順) 중앙정법위원회 비서장(뒤에 허베이 성당위 서기로 이동)은 《구시》(求是)에 논문을 발표하여 "'공민사회'(civil society, 시민사회)는 서방이 중국을 목표로 설계한 올가미이다"라고 단정했다. 중앙정법위원회란 경찰이나 사법 등 치안을 담당하는 부문의 총괄 부서인 강력한 당 기관이다.

여기에 표명된 서방의 음모설은 2008년의 티베트 폭동이나 2009년의 우루무치 폭동 같은 소수민족 문제가 폭발했을 때에도 당내에서 같은 맥락으로 설명되었다. 배타적인 내셔널리즘을 원용하여 자신의 입장이나 정책, 그리고 현행 시스템을 보호하려 하는 경향을 읽어 낼 수 있다.

이른바 소수민족 문제의 근저에는, 민족 자치는 이름뿐이며 실질적인 한족의 지배 아래에 있는 상황에 대한 소수민족들의 불만이 있었다. 한족의 눈으로 보면 대학입시나 가족계획 정책에서 우대를 받는 데다가 거액의 경제 지원이나 교육 지원을 받고 있는 소수민족이 '은혜'를 원수로 갚는 행위를 납득할 수 없다. 그러나 소수민족의 처지에서 보면 경제 지원으로 부유해지는 것은 주로 한족이며, 교육 지원이란 한화(漢化, 한족에 동화)에 대한 강요에 다름 아닌 것이었다.

3. 중국 외교의 변모와 중일 관계의 빠른 전개

원자바오와 후진타오의 일본 방문

'얼음을 깨는 여행'(破氷之旅)이라 불리는 2006년 아베의 중국 방문 이후, 몇 년 동안 중일 간 정부 관계는 비교적 안정되었다. 2007년 4월 원자바오의 일본 방문은 '얼음을 녹이는 여행'(融氷之旅)라고 불리었다. 원자바오 총리는 리츠메이칸대학에서 야구 퍼포먼스를 과시했고, 국회에서 다음과 같은 연설을 했다. "일본 정부와 일본의 지도자는 몇 차례나 역사 문제에 대해 태도를 명확히 했고, 침략을 공식적으로 인정하고 피해국에 대하여 깊은 반성과 사죄를 표명했습니다. 이에 대해 중국 정부와 인민은 적극적으로 평가하고 있습니다." 불행했던 역사의 화해를 추진시키려면 가해자의 진지한 사죄가 필요하다. 그러나 그것만으로는 충분하지 않다. 즉 피해자가 사죄를 받아들이지 않으면 화해는 성립할 수 없다. 이런 의미에서 원자바오는 용기 있는 한걸음을 내디뎠다.

2008년 5월에는 후진타오가 일본을 방문했다. 2008년 초 중국산 냉동 만두를 먹은 소비자가 중독 증상을 일으킨 사건이 문제가 되어 객관성이 부족한 비난 보도가 미디어에 넘쳐나고, 중국 식품에 대한 경계심과 중국 정부의 대응에 대한 불만이 일본 사회에 널리 퍼져 있었다. 또한 봄에는 티베트에서 폭동이 벌어졌고, 베이징올림픽의 성화 릴레이를 계기로 전 세계 곳곳에서 항의 행동이 전개되었다. 4월에 일본의 나가노에서도 성화 릴레이를 '보호한다'고 동원된 중국인 유학생들과 항의하는 쪽 사이에 충돌이 발생했다. 그러나 후진타오는 이런 상황에도 주춤하지 않고 그 직후에 일본을 방문하여, '제4의 정치 문서'로 알려지는 새로운 중일공동성명에 후쿠다 야스오 총리와 서명했다. 공동성명에는 전략적 호혜 관계의 포괄적인 추진을 합의함과 동시에, 일본 측은 중국의 개혁개방 이래의 발전을 평가하고 중국 측은 일본의 제2차 세계대전 후 평화국가로서의 변천을 평가했다. 한편 후진타오는 일본 측의 초대에 따라 7월에 다시 일본을 방문하고, 홋카이도 도야 호(洞爺湖)에서 열린 G8정상회의 아웃리치 세션에도 출석했다.

5월에 일본 방문을 마치고 후진타오가 귀국하고 며칠 뒤 쓰촨 대지진이 발생했다. 신화사는 수용한 사체 앞에서 일본의 구조대가 정렬하여 고개 숙여 추도하는 사진을 인터넷에 올려, 많은 중국인들이 감동을 받았다. 6월에는 중일 양국 정부는, 동중국해 공동 개발과 중국이 소유하고 있는 가스유전에 일본계 기업의 출자에 합의했다. 이는 쌍방에 이익을 가져다주는 외교 면에서의 획기적인 성과였지만, 공동 개발의 지점이 연안으로부터 200해리의 중일이 겹치는 배타적 경제수역의 중간 선상에 있다는 해석에 출발하여, 중국 국내에서는 정부가 과대한 양보를 했다는 비판도 나왔다. 배타적 경제수역의 구분에 관하여 일본이 중간선 원칙을 주장하고 있는 데에 반해, 중국은 대륙붕 원칙을 견지하고 있기 때문이었다. 국내의 비판을 받고, 중국은 일본과의 공동 개발의 구체화를 위한 교섭을 연기했다.

해양에 대한 중국의 높아지는 관심은 1992년 2월, 이른바 영해법(중화인민공화국 영해 및 접속수역 법) 의 제정에서 이미 드러났다. 제정 과정에서 외교부가 작성한 초안에 대해 중앙군사위원회 법제국, 총참모부 사무국, 해군사령부, 그리고 광저우군구나 일부의 지방이 문제를 제기했다. 그 이유는 초안에 중국의 영토로서 '댜오위다오'(釣魚島)라는 명칭이 명기되지 않았고, 타이완에 부속된 섬이라고만 표시되었기 때문이다. 당시 중국은 대일 관계 개선의 돌파구로서 제2차 천안문 사건 이후의 외교적 폐쇄 상황을 타파하려고 했지만, 결국 인민해방군을 중심으로 한 강경론이 채용되어서 '댜오위다오'가 명기되었다. 1978년에 일본을 방문한 덩샤오핑은 "센카쿠 문제는 보류하고(우선 선반 위에 올려 두고—옮긴이), 차세대의 지혜로 문제가 해결 되기를 기대하자"(센카쿠 열도의 영유권 귀속 문제를 후세에 맡기는 '차세대 해결론'—옮긴이)고 말했다. 그러나 냉전의 종료와 함께 중국은 센카쿠 문제에 대해 '선반에서 끄집어 내리겠다'는 의사를 밝히기 시작한 것이다.

그 후 중국 국가해양국 해양조사선의 활동이 점차 활발해지고 1996년에는 일본의 영해 침입도 시작된다. 2001년에는 중일 간 해양조사선 파견과 관련하여 상호 통보 제도가 수립되었지만, 일본은 중국 측이 그 제도를 준수하지 않는 것에 거듭 항의했다. 나아가 2006년에 국가해양국은 동중국해 권익보호 정기순회 제도를 제정하고, 2008년 12월에는 감시함 두 척이 주권을 주장하며 처음으로 센카쿠열도 주변 영해에 침입하고, 9시간에 걸쳐 배회·체류했다. 이는 후쿠오카에서 열리는 한중일 3개국 수뇌 모임에 참가하기 위한 원자바오의 방일을 며칠 앞두고 일어난 일이었다.

센카쿠열도 어선 충돌 사건

2010년 9월, 센카쿠열도 앞바다 일본 영해에서 위법 조업을 하고 있던 많은 중국 어선 가운데 한척이 해상 보안청 순시선의 운항정지 명령에 응하지 않았고, 2척의 순시선에 선체를 들이받아 손해를 입게 했다. 해상보안청은 선장을 공무집행방해로 체포하고 검찰에 송치했다. 일본 측은 다른 선원은 귀국시키고 어선도 중국 측에 반환했지만, 선장에 대해서는 구류 기간을 연장했다. 이에 중국 측은 강하게 반발하여 각료급 지도자 왕래 정지를 선언했고, 나아가 상하이엑스포에 초대한 일본 청소년 1,000명이 출발하기 전날 일방적으로 초대를 연기시켰다. 또한 희토류 수출을 사실상 정지한 뒤, 허가 없이 군사관리 구역을 촬영했다고 하여 일본인 회사원 4명을 구속했다. 결국 오키나와 현 나하 지방검찰청은 구류 연장 기한이 5일이 남아 있는 시점에서 '우리나라 국민에 대한 영향이나 금후의 중일 관계를 고려해' 선장을 처분보류로 석방했다.

2009년 일본에서 민주당 정권의 탄생에서부터 어선충돌 사건에 이르기까지, 중국의 대일 외교 자세는 대체로 융화적이었다. 하토야마 유키오(鳩山由紀夫) 총리의 동아시아 공동체 구상 협력 호소에 대해 조금 망설임도 보였지만, 상황을 판단하는 입장이었다. 그해 12월 중국은 대일 관계를 발전시킬 기회가 왔다고 판단하고, 동아시아 지역에서 일본과 힘을 합치는 일에 적극적인 자세를 보였다. 2010년 3월에는 냉동만두 중독 사건의 범인 체포를 발표했다. 5월 말에 일본을 방문한 원자바오 총리는 동중국해 자원 개발에 관한 합의를 이행하고 싶다고 발언했고, 두나라는 국제약속 체결을 위한 교섭을 시작한다. 어선충돌 사건은 이러한 상황 속에서 발생했지만, 왜 선장이 선체를 들이받은 것인지 등 사건의 자세한 사항에 관해선 여전히 명확하지 않은 점이 많다.

선장이 석방되고 3주 정도 지난 10월 중순, 내륙의 몇몇 도시에서 반일 시위 참가를 호소하는 짧은 메일이 흘러다녔다. 도시의 이름이나 시위 경로는 다르지만, 기묘한 건 그 글귀나 레이아웃이 대체로 같다는 점이었다. 시위에 대한 호소는 조직적 움직임이었을 가능성이 있었다. 또 호소문 비고 난에 적혀 있는 "미디어가 보도한다"는 문장에서도, 당국이 공인 또는 묵인하는 움직임이 있었다고 생각된다. 이른바 대중의 불만을 잠재우기 위해 일종의 정치적인 의도를 갖고 당국이 설계한 시위였다고 하는 추측도 성립한다. 시안(西安)의 경우, 시위의 종착점인 종루(鐘楼)에서 시위대의 일부는 해산에 동의하지 않았고, 근처에 있는 일본계 기업의 전문점을 습격하는 등 소동이 일어났다.

외교정책을 둘러싼 줄다리기

이런 움직임의 배경에는, 외교 방침을 둘러싼 당 내부의 줄다리기가 있었다. 덩샤오핑의 가르침인 '도광양회'의 외교 방침을 견지해야 한다는 온건한 사고방식도 있었지만, '도광양회'는 이미 시대에 뒤떨어졌다는 목소리가 설득력을 얻고 있었다. 이런 주장의 근거 가운데 하나는, 현실에서 중국의 국력이 향상되었고 세계경제를 견인하는 나라로 평가되고 있었다는 점이다. 다른 하나는 해외에서의 권익이 늘어났기 때문에, 권익을 지킬 수 있는 만큼 군사력을 강화해야 한다는 현실주의였다. 이러한 강경한 생각은 군인뿐 아니라 외교관이나 학자들 사이에서도 늘어나고 있었다.

2009년 7월에 열린 재외사절회의에서 후진타오는 "도광양회는 견지하며, 유소작위(有所作為, 필요한 역할을 한다)는 적극 펼치라"고 지시했다. 이는 논쟁이 벌어지는 배경에서 판단을 할 때, 중국공산당의 상투적 수단으로서 겉보기에는 애매한 지시였다. 그러나 현실에서는 필요한 역할은 적극적으로 하라는 지시에 중점을 두고, 자기주장이 강한 외교를 펼쳐 나갔다. 그 결과 동남아시아에서는 아세안 회원국들과 미국, 그리고 동북아시아에서는 한국 및 일본과 마찰이 일어났다. 2010년은 중국의 외교에서 대실패의 한 해가 되었다.

2011년 3월에 일본에서 동일본 대지진이 발생하자, 후진타오는 스스로 베이징 일본대사관을 방문하여 희생자에게 애도의 뜻을 표했다. 중국은 피해 지역에 구조대를 보냈을 뿐 아니라 후쿠시마 제1원자력발전소의 사용 후 연료 풀을 냉각하기 위한 방수 차나 가솔린 같은 지원 물자를 공급했다. 12월에는 함정(艦艇)의 상호 방문이 재개되어 일본의 호위함(護衛艦) '키리사메'가 칭다오에 입항했다. 같은 달에는 노다 요시히코(野田佳彦) 총리가 중국을 방문하고, 중국 국채의 매입이나 두 나라 사이 무역에서 위안화와 엔화 결제 촉진 등에 대해 중국과 합의를 이루었다.

일본 정부의 센카쿠제도 매입 그러나 센카쿠열도 어선충돌 사건 이후, 중국의 감시선은 센카쿠열도 주변 접속수역이나 영해에 그전보다 자주 들어왔다. 이런 상황에서 2012년 4월, 워싱턴을 방문 중이던 이시하라 신타로(石原慎太郎) 도쿄 도지사는 도쿄 도가 토지 소유권자로부터 센카쿠열도를 매입할 계획이 있다고 발표했다. 센카쿠열도의 다섯 섬 가운데 하나는 원래 국가 소유였지만, 그해 9월 평화롭고 안정적인 유지 관리를 위해서라며 일본 정부는 나머지 네 섬 가운데 세 개를 민간 소유자로부터 구입했다.

중국 정부는 이에 저항하여 센카쿠열도 주변의 영해에 며칠 간격으로 감시선을 파견했고, 중국 국내 곳곳에서 벌어지는 격렬한 반일 시위를 용인했다. 시위대 일부가 폭도로 바뀐 결과, 일본계 기업에 약 100억 엔으로 추산되는 직접적인 피해가 발생했다. 상무부 차관이 민중들의 일본 제품 불매운동에 이해를 표명하고, 정부 조달에서도 일본 제품을 완전히 배제하는 상황이었다. 이 밖에 중국 여행객이 격감하여 일본의 관광업은 큰 타격을 받았다. 게다가 여러 가지 문화교류 사업이 중단되고, 여러 영역에서 일본에 사람 파견이 취소되는 등 영향이 넓은 범위에 미쳤다.

중국 측은 왜 이런 전면적이고 강경한 대응으로 나왔을까? 거기에는 당내의 의견 불일치와 사회에서 공산당의 구심력 저하가 관련되어 있다고 판단된다. 당 내부에는 일본 정부의 섬 매입을 두고 강경론과 온건론 두 가지 해석이 존재했다. 하나는 중국에 대한 노골적인 도발이며 주권에 대한 도전이라고 보는 해석이었고, 다른 하나는 일본 정부의 섬 매입이 이시하라 도쿄 도지사의 매입을 저지하여 상황을 진정시키고 사태를 정리하기 위한 것이라고 보는 해석이었다. 인민넷(《인민일보》가 운영하는 사이트—옮긴이) 기자의 인터뷰에서 인민해방군 장성은 후자의 견해를 취한다고 대답했고, 외교부 산하에 있는 중국국제문제연구소 소장도 섬 매입은 주권과 관계없다는 취지로 발언을 했다.

그러나 후진타오를 비롯한 지도부가 강경한 대응을 결정하고 나서부터 중국의 미디어는 격렬한 반일선전 캠페인을 시작했다. 그 결과 공공장소에서 다른 의견을 말할 수 없는 사회적 분위기가 조성되었다. 균열을 보이기 시작한 당 내부를 틀어쥐고, 현상에 대한 불만과 장래에 대한 불안이 커지고 있는 국민을 규합하는 데 대일 투쟁이 단기적으로 큰 효과를 발휘했다. 더욱이 중국의 지도부가 강경책을 채택한 배경에는 11월로 예정되어 있는 제18회 당대회가 있었다. 권력투쟁이 최고조에 달하는 시기에, 어느 누구라도 일본에 대해나 약한 태도라고 보이는 언동은 취할 수 없었던 것이다.

5장

초강대국 후보의 자신감과 불안

2012~2014

1. 제18회 당대회와 시진핑 정권의 성립

보시라이 사건　제18회 당대회가 열려 시진핑 정권이 탄생한 2012년에 중국공산당을 뒤흔드는 큰 스캔들이 터졌다. 이른바 보시라이(薄熙來) 사건이다. 그 발단은, 그해 2월 보시라이 충칭 시당위원회 서기의 측근인 부시장 왕리쥔(王立軍)이 300킬로미터 이상 떨어진 쓰촨 성 청두 시에 있는 미국 총영사관에 망명을 요구하며 뛰어든 데서 시작됐다. 보시라이의 부인이 저지른 영국인 사업 파트너 살인 사건을 둘러싸고 보시라이와 왕리쥔 사이에 생긴 갈등이 원인이었다. 결국, 왕리쥔은 국가안전부 부부장에 의해 베이징으로 연행되었다. 8월에 보시라이의 부인은 살인죄로 집행유예 사형 판결을 받았다.

보시라이는 3월의 전인대 폐막 직후에 직무가 해임되고 9월에는 당적까지 박탈되었다. 그 후 2013년 8월부터 10월에 걸쳐 열린 재판에서, 보시라이는 랴오닝 근무 시절의 뇌물수수와 횡령, 그리고 충칭에서 아내의 사건과 관련한 직권남용 죄로 무기징역 판결을 받았다.

보시라이 사건은 흔히 보이는 독직부패 사건이 아니었다. 정치국 위원을 맡고 있던 보시라이는 가을에 열리는 당대회에서 정치국 상무위원을 노리는 거물이었다. 게다가 혁명 원로 가운데 한 명으로 덩샤오핑의 개혁개방을 뒷받침한 보이보(薄一波) 전 부총리의 장남이었다. 그는 똑똑한 태자당(太子党)의 전형으로서, 다롄 시장, 랴오닝 성장, 상무부장으로 출세의 계단을 순조롭게 밟아 왔다. 그리고 충칭 시에서는 능숙하게 외자를 유치했고, 저소득자용 주택 건설이나 '창훙다헤이'(唱紅打黑, 혁명가요를 부르고 폭력단을 단속한다) 정책을 추진했다. '충칭 모델'이라고 불린 일련의 시책은 좌파 경향을 띠었고 충칭 시의 재정은 적자로 전락했지만, 시장화에 따라 왜곡된 사회를 비판하는 사람들로부터 강력한 지지를 받았다.

원자바오 총리는, 보시라이가 당위원회 서기에서 해임되는 전날의 기자회견에서, 문화대혁명이 재현될 가능성에 대해 함께 언급했다. 즉 이 사건은 권력투쟁에 더해 노선 투쟁의 요소도 내포하고 있었다.

당대회 인사　제18회 당대회는, 당의 일인자인 총서기가 교체되는 10년에 한 번씩 있는 기회였다. 당초 2012년 후반에 개최한다고 발표했지만, 여름이 지나도 열릴 기색이 없다가 9월 마지막 주에 드디어 11월 8일부터라고 개최일이 발표되었다.

개최가 늦어진 원인은 무엇일까? 그해에는 보시라이가 실각했을 뿐아니라, 9월 1일엔 후진타오의 측근인 링지화(令計劃)가 실질적으로 강등되는 등 치열한 정치투쟁이 이어져 새 지도부의 진영이 좀처럼 결정되지 않았을 가능성이 높다. 중앙 지도부에는 이미 핵심이 없었고 뛰어난 지도자도 부재한 상황에서, 마지막까지 인사를 둘러싼 줄다리기가 계속되었던 모양이다.

대회 개최 나흘 전, 제17기 중앙위원회 마지막 총회에서 중앙군사위

시진핑(59세) 총서기, 중앙군사위원회 주석, 국가주석, 태자당

리커창(57세) 국무원 총리, 공청단계

장더장(66세) 전인대 상무위원장, 장쩌민계

위정성(67세) 정치협상회의 주석, 태자당

류윈산(65세) 서기처 서기, 중앙정신문명건설지도위원회 주임

왕치산(64세) 중앙규율검사위원회 서기, 태자당

장가오리(66세) 국무원 부총리, 석유파

신규 상무위원은 모두 비공청단계이자 고령으로 1기만 근무하는 것으로 했다. 인원이 9명에서 7명으로 줄어든 것은 중앙정법위의 지위가 강등되었기 때문이다(중앙정법위 서기는 정치국 위원이 되었다).

원회 부주석 두 명을 보충한다는 결정이 내려져, 며칠 사이에 문민인 시진핑까지 포함하여 5명의 이름이 거론되었다. 후에 밝혀지는 쉬차이허우(徐才厚) 부주석을 둘러싼 스캔들과 관련되었을 가능성도 있지만, 설명하기 어려운 사태였다.

여러 세력 사이에 옥신각신 토론이 벌어졌다는 사실은 '민주추천'에 관한 보도 방식에서도 관찰할 수 있었다. 즉 2007년 당대회 때에는 6월에 실시한 그 직후에 보도했다. 그러나 이번에는 5월에 '민주추천'을 했다고 해외 미디어가 보도했을 뿐이다. 반 년 후에 열린 당대회 직후 처음으로 공식적으로 보도되어, 지난번 보도가 정확했다는 사실이 밝혀졌다. 왜 민주추천 실시를 비밀로 하지 않으면 안 되었을까? 아마도 보시라이 사건의 충격이 컸고 당 내부가 크게 흔들리는 가운데, 민감한 문제는 발표하지 않는다는 혁명정당의 비밀주의 전통이 작용되지 않았을까 추측된다.

새 정권의 진용을 살펴보면 제17기부터 정치국 상무위원인 시진핑과 리커창이 새로 결정된 상무위원들보다 많이 젊었다. 중국인들 사이에 널리 알려진 바에 따르면, 리커창을 제외한 다른 멤버는 장쩌민 전 총서기와 관계가 가까웠고 그중에는 태자당도 많았다. 장가오리(張高麗)는 석유 부문 출신이지만, 그 부문 출신자 인맥의 정점에 있던 인물은 장쩌민의 측근이었던 쩡칭훙이라고 알려져 있다. 이러한 인사 배치에서부터 이번 권력투쟁에서 후진타오는 상당히 열세였다는 견해가 있다. 장쩌민은 당대회 개막식과 폐막식에서 후진타오의 옆에 앉아 자신의 존재감을 과시했다. 베이징의 중국인 사이에서도 인사 결정에서 장쩌민이 의도가 크게 작용했다는 얘기가 나왔다.

후진타오의 퇴임 당대회에서는 중앙군사위원회 주석의 지위에 후진타오가 유임될지 여부 문제가 관심을 모았다. 사전에는 10년 전의 장쩌민처럼 유임될 거라는 견해가 강했다. 그러나 결국, 후진타오는 총서기뿐 아니라 중앙군사위원회 주석 자리까지 시진핑에게 물려주며 완전히 은퇴했다.

후진타오의 은퇴를 어떻게 해석할 것인가? 현행 정치제도에 바탕을 두고 중국 정치를 분석하는 '제도학파'의 관점에서 보면 당연한 일이다. '당이 총을 지휘한다'는 중국공산당의 중요한 원칙이며, 총서기직에서 물러나 일반 당원이 된 후진타오가 중앙군사위원회에서 당의 일인자인 시진핑 위에 있는 자체는 제도적으로 봐도 이상하다. 반면 권력투쟁의 관점에서 중국 정치를 설명하는 '투쟁학파'는 후진타오는 중앙군사위원회 주석에 유임하고 싶었지만, 힘이 약했기에 권력투쟁에서 밀려났다고 해석한다. 그 밖에 또 다른 견해도 있다. 회사의 인사에 비유하면, 깨끗하게 완전히 은퇴함으로써 '명예회장'인 장쩌민의 영향력을 완전히 차단하려는 '새 회장' 후진타오가 '새 사장' 시진핑을 배려했다는 해석이다. 사실상 위에서 제기한 여러 요소가 모두 작용했다고 추측된다. 단지 아직 '중앙 지도부의 핵심'이라고는 불리지 않았지만, 시진핑은 처음부터 군권을 장악한 총서기로서 일을 시작할 수 있었다.

시진핑과 〈대부〉　　때를 조금 거슬러 올라가, 2월 왕리쥔 사건 직후에 시진핑은 예정대로 미국을 방문하고 오바마 대통령과 회담한 뒤 아이오와 주를 방문했다. 거기에서 27년 전에 홈스테이를 한 농가에 찾아가 추억담을 나누던 중에, "옛날 여기에 호기심이 강한 여자아이가 있어서 여러 가지 질문을 받았다"고 말했다. 미국 영화를 본 적이 있느냐는 그 아이의 물음에 "〈대부〉(The Godfather)를 보았다"고 대답했다고 시진핑이 회술했다.

이 에피소드에는 특별한 의미가 담겨 있을 가능성도 있다. 어떤 조직을 막론하고 리더는 치열한 권력투쟁을 이겨 내고 전체를 통제하는 권위와 권력을 수립하지 않으면 안 된다. 시진핑은 스스로 대부같은 존재가 될지 안 될지가 중요하다는 점은 잘 알고 있었던 것 같다. 그 후의 사태 발전을 보면, 그 당시 시진핑의 각오를 읽어 낼 수 있는 발언이었다고도 해석할 수 있다.

2. 시진핑 정권의 국내 정치

세 가지 책임 2012년 11월 15일에 열린 제18기1중전회에서 정치국 상무위원회 위원들과 총서기가 선출되었다. 회의가 끝난 뒤 열린 '취임연설'에서 시진핑은 세 가지 책임을 언급했다.

첫째, 민족에 대한 책임을 강조했다. 시진핑은 "우리 정치국 상무위원의 책임은 단결하여 역사의 전통을 이어받아 전당 전국 각 민족 인민을 이끌고 중화민족의 위대한 부흥을 위하여 부단히 분투 노력해야 한다"고 진술했다. 민족에 대한 책임 부분이 분량이 가장 많았고 첫머리에 제기한 것도 주목을 받았다. 전 정권과 같은 정도 또는 그 이상으로 내셔널리즘에 의거하여 나라를 통솔한다는 인상을 주는 취임연설이었다.

두 번째로 인민에 대한 책임이다. "우리들의 책임은 단결하여 전당 전국 각 민족 인민을 이끌어 가는 것이다. 끊임없이 사상을 해방하고 개혁개방을 견지하며 사회의 생산력을 부단히 개방하고 발전시킨다. 대중의 생산과 생활상의 어려움을 해결한다. 그리고 모두가 부유해지는 길을 흔들림 없이 견지한다." 정치개혁에 대한 언급은 없었지만, 평이한 말로 민생 향상을 외친 점은 국민들의 환영을 받았다.

세 번째로 당에 대한 책임이다. 이 부분에서는 당내에 존재하는 여러 가지 심각한 문제를 솔직하게 인정한 점이 주목 받았다. 독직 부패, 대중 과의 괴리, 형식주의, 관료주의에 이르기까지 심각한 문제들을 솔직히 인정하고 열거하여 국내에서 높게 평가되었다.

'중국의 꿈' '취임연설'로부터 2주 후, 시진핑은 새로운 상무위원들을 인솔하여 국가박물관을 방문해 '부흥의 길'이라는 전시를 참관했다. 근대 이래 중국이 온갖 고난을 극복하고 공산당의 영도 아래 당당한 나라가 되었음을 보여 주는 전시회에서 시진핑은 중화민족의 위대한 부흥을 실현하는 것이 중국의 꿈(中國夢)이라고 강조했다. 그 후 선전 캠페인을 통해 '중국의 꿈'은 정권의 상징이 된 것으로 보인다.

다만 '중국의 꿈'은 이때 처음으로 등장한 개념이 아니었다. 사실은 《중국의 꿈―포스트 미국 시대의 대국적 사고와 전략적 위치》(中國夢, 後美國時代的大國思考和戰略定位)라는 제목의 책이 2010년 초에 출판되었다. 지은이 류밍푸(劉明福)는 상급대좌인 국방대학 교수였다. 책은 중국의 시대가 왔고, 중국은 미국을 능가하여 세계 제1의 나라가 되고 이제 중국적인 가치가 세계를 석권한다고 주장했다. 따라서 이를 뒷받침할 군사력을 강화하지 않으면 안 된다는 국수주의적인 내용이었다.

중국 사회의 큰 문제 가운데 하나는 본인이 아무리 노력해도 인맥이 없으면 성공할 수 없고, 좋은 회사에도 들어갈 수 없는 연고주의의 만연이었다. 가령 회사에 들어가도 출세할 수 없다는 개인으로서의 차이니즈드림이 시들어 버린 것이었다. 거기에서 차이니즈드림(중국인의 꿈)을 대신하여 국가 차원의 차이나드림(중국의 꿈)을 사람들의 마음속에 불어넣었다. 이는 곧 국가가 세계 챔피언이 됨으로써 개인의 꿈이 실현되지 않더라도 행복감을 맛볼 수 있다는 내셔널리즘의 스토리였다.

부패 퇴치 정권 출범 후 눈에 보이는 성과는 제3의 책임, 즉 '당에 대한 책임'에서 언급했던 대중과의 괴리나 독직 부패에 대한 단속이었다. 먼저 간부의 규율을 강화하고 호화스러운 연회나 선물 교환을 금지했다. 중앙순시 그룹을 지방에 파견하여 규율 준수에 대한 현장 감독을 강화했을 뿐 아니라 마오쩌둥 시대처럼 각층 당 조직에 대한 비판과 자기비판을 하는 민주생활회의를 개최하게 했다. 시진핑 스스로 허베이 성에 가서, 저우번순이 서기를 맡고 있는 성당위원회의 민주생활회의에 직접 출석했다.

나아가 고위 간부에게까지 독직 부패, 이른바 '호랑이 퇴치'(虎退治)에 대한 단속을 강화했다. 석유 부문 출신이며 전 정치국 상무위원으로 중앙정법위원회 서기를 맡고 있던 저우융캉(周永康)의 전 부하들을 차례로 해임시켰고, 2014년 7월 말에는 저우융캉 본인에 대해서도 입건하여 심사한다고 결정했다. 한 달 전에는 쉬차이허우 전 군사위원회 부주석을 뇌물수수 혐의로, 저우융캉의 전 부하 두 명과 함께 당적을 박탈했다. 시진핑은 중앙규율검사위원회 서기로 취임한 태자당의 왕치산(王岐山)과 손잡고 작심하고 '호랑이 퇴치'에 나서고 있다.

권력의 집중 시진핑 정권의 특징은, 정권 출범 후에도 시진핑에게 권력 집중이 더 한층 강화되고 있다는 점이다. 이런 움직임은 2013년 11월에 열린 제18기3중전회에서 여실히 드러났다. 먼저 3중전회에서는 향후 10년의 개혁에 대한 청사진이 결정되었다. 회의에서 발표된 3중전회 결정기초소조의 책임자는 총리인 리커창이 아니라 시진핑이었다. 더욱이 부조장은 사상선전 담당 류윈산(劉雲山)과 상무부총리 장가오리가 맡아 리커창은 그림자조차 없었다. 이는 제16기3중전회 결정의 기초에 즈음하여 원자바오가 조장을 맡은 10년 전과는 대조적이었다. 총리 취임 이래 리커창의 경제 운영은 일본의 아베노믹스를 본떠 '리코노믹스'라고 미디어에 보도되었지만, 3중전회 이후 그런 표현은 다시 제기되지 않았다.

그 밖에 3중전회 이후 부문을 가로지르는 조직이 몇 개 신설되고, 시진핑이 그 모든 조직의 책임자에 올랐다. 예를 들면, 중국판 NSC라고 할 수 있는 중앙국가안전위원회, 3중전회에서 제기된 개혁을 다방면적이며 종합적으로 이끄는 전면심화개혁영도소조, 군사 개혁을 담당하는 중앙군사위원회 심화국방·군대개혁영도소조, 이 밖에 인터넷을 관리하는 중앙인터넷안전·정보화영도소조 등이다. 확실히 수직적인 행정 체질은 중국 관료제의 고질병이었으며, 부문 간의 협조를 강화하는 제도가 필요했다. 하지만 그와 동시에 신설된 조직들은 시진핑이 권력 기반을 확고히 하는 데 좋은 기회가 되었다.

간부의 규율 강화나 '호랑이 퇴치'에 일반 국민은 찬성을 외쳤지만, 당 내부나 경제계는 당황스러움을 감추지 못했다. 단속의 손길이 어디까지 미칠지 예측할 수 없었기 때문이다. 독직 부패 대책이 지나치면 간부의 적극성이 떨어질 뿐 아니라 경제활동에도 영향이 미친다고 인식되었다. 실제로 많은 고급 요리점이 문을 닫았고, 간부와 연루되어 조사받을까 두려워 해외 탈출을 준비하는 기업가도 있었다.

개혁이냐 보수냐   시진핑이 제도 개혁을 어디까지 추진할지는 명확하지 않았다. 개혁을 전면적으로 심화한다는 3중전회 결정을 높이 평가하는 이코노미스트도 많았다. 하지만 원자바오가 그 필요성을 거듭 강조해 온 국유기업 과점 체제의 타파나 분배 제도의 개혁에 대해서는 표면적인 개혁안을 제시하는 데 머무르고 있어, 이른바 제도 개혁의 핵심은 다루지 않은 것처럼도 보였다.

경제개혁을 관철하기 위해서는 불가결하다며 과거 원자바오가 제기했던 정치개혁에 관해서는 크게 모순되는 신호가 보였다. 2012년 12월의 연설에서 시진핑은 "헌법의 실시를 보장하는 감독 메커니즘과 구체적인 제도가 아직 정비되지 못하여, 법률이 있어도 따르지 않고 법 집행이 엄격하지 않아 위법 행위가 있어도 추궁하지 않는 현상이 여전히 존재한다"고 비판하고, "헌법은 모든 공민이 준수해야 할 행동 규범일 뿐아니라 공민의 권리를 보장하는 법적 무기라는 점을 여러 인민에게 인식하게 하지 않으면 안 된다"고 발언했다. 그러나 2013년에 들어오면서, 시진핑은 헌정에 대한 중앙선전부의 비판을 용인했을 뿐 아니라 헌법에 보장된 권리의 옹호나 실현을 요구하는 변호사나 활동가들을 잇따라 체포했다.

시진핑의 말투나 행동은 덩샤오핑보다는 마오쩌둥을 방불케 했다. 예를 들면, 2013년 1월에 시진핑은 새 중앙위원회 위원들한테 한 강의에서 다음과 같은 훈계 발언을 했다. "개혁개방의 전후 시대를 대립적으로 인식해서는 안 된다. 즉 개혁개방 후의 역사를 이용하여 개혁개방 전의 역사를 부정하는 것도, 개혁개방 전의 역사를 이용해서 개혁개방 후의 역사를 부정해도 안 된다." 이는 문화대혁명을 완전히 부정하면서 개혁개방에 착수했던 덩샤오핑과는 완전히 다른 사고방식이다.

덩샤오핑은 좌파도 우파도 사회주의를 멸망시킬 수 있다며, 중국은 우를 경계하지 않으면 안 되지만 좌를 방지하는 것이 주가 되어야 한다고 남방담화에서 밝혔다. 이에 대하여 시진핑은 문혁을 되돌아보며 "7년 동안의 상산하향(上山下鄉)의 경험을 통해 많은 것을 얻었다. 대중과 비교적 깊은 정을 맺게 하고, 성장과 진보를 위하여 비교적 좋은 기초를 쌓았다"고 회고했다. 덩샤오핑이나 시중쉰 세대와는 달리, 시진핑은 문혁을 고난을 극복한 성공 체험으로 기억하고 있는 것이다.

3. 시진핑 정권의 외교정책

대미 관계의 중시 2013년 3월, 국가주석으로 취임하고 시진핑이 가장 먼저 방문한 나라는 러시아였다. 때로는 미국이 주도하는 국제 질서에 도전하는 나라로서, 중국과 러시아는 전략적인 파트너였다. 2010년, 아세안 회원국들이 동아시아정상회담에 미국의 참가를 요구했고, 거기에 미국이 아시아 회귀 정책으로 이에 응하자 중국은 강하게 반발했다.

그렇다고 중국이 대미 관계를 가벼이 여긴 것은 아니다. '도광양회' 정책은 미국에만 적용하며 유지했다. 2012년 2월, 시진핑이 부주석으로서 미국을 방문한 이후 중국은 미국에 대하여 '신형' 대국 관계를 구축하자고 본격적으로 호소했고, 이런 자세는 2013년 6월 캘리포니아 주 서니랜즈에서 열린 미중 정상회담 때에도 변함없었다.

중국 측에 따르면, 신형 대국 관계의 내용을 세 가지 정리할 수 있다. 첫째 대항하거나 충돌하지 않는다. 둘째 상호 존중, 셋째 윈-윈 협력이다. 오바마 정권의 의도는 중국과의 경쟁을 관리하고 협력을 추진하는데 있었기에, 첫 번째와 세 번째에는 반대하지 않았다. 문제는 두 번째인 서로의 '핵심적 이익'에 대한 상호 존중을 포함하는 부분이었다. 2009년 11월 오바마가 중국을 방문했을 때, 미국은 중국의 핵심적 이익이 타이완과 티베트, 신장웨이우얼자치구에 대한 주권의 행사라고 이해하고, 공동성명에 '핵심적 이익의 상호 존중'을 명기하는 데 동의했다. 하지만 그후 중국에서 남중국해나 센카쿠열도까지 핵심적 이익이라고 말하는 사람이 나타나, 미국 측은 중국의 개념을 고려 없이 받아들일 경우 안게 되는 리스크를 새삼 깨달았다.

그래도 미국은 2013년 여름 시진핑이 집착하는 신형 대국 관계라는 개념을 일단은 받아들이기로 했다. 그해 9월에 러시아 상트페테르부르크에서 열린 오바마와 시진핑 회담에서 오바마 대통령 스스로 회담 첫머리에 이 개념을 사용했고, 11월에 아시아 정책 연설을 한 수전 라이스 대통령보좌관이 이를 이었다. 그러나 며칠 뒤 중국이 동중국해에서 방공식별권의 설정을 발표하자 미국의 경계감이 높아지고, 그 뒤로 새로운 대국 관계라는 말은 아무도 사용하지 않았다.

언행의 불일치   '민족에 대한 책임'을 외치며 내셔널리즘을 불러일으키는 선전 정책을 추진한 시진핑 정권이지만, 평화 발전을 취지로 하는 외교 방침은 여전히 우호적이었다. 예컨대, 2013년 10월에 열린 주변외교공작좌담회에서 연설한 시진핑은, "주변 국가와 우리나라의 정치 관계가 더욱 우호적으로 바뀌고, 경제의 연대가 더욱 견고해져, 안전 협력이 더욱 심화하고, 인문 관계가 더욱 긴밀해지도록 노력한다"고 진술했다. 10년 전부터 노력해 온 '이웃과 사이좋게 지내고, 이웃을 동반자로 삼는다,' '이웃과 화목하고, 이웃을 안심시키고, 이웃을 부유하게 한다'는 주변 외교의 기본 방침을 견지한다고 얘기하면서, 시진핑 스스로의 발안으로 "친(親), 성(誠), 혜(惠), 용(容)의 이념을 확실히 구현하자"고 호소했다.

그러나 한 달 뒤, 중국 국방부는 동중국해에 대한 방공식별권의 설정을 발표했다. 일본, 한국, 타이완은 일찍부터 방공식별권을 설정하고 있었지만, 중국이 설정한 방공식별권에는 센카쿠열도나 한국과 분쟁중인 이어도(蘇岩礁)의 상공도 포함되어 있었다. 또한 중국 국방부는 중국의 영공에 들어오지 않는 항공기에 대해서도 비행 계획 제출을 요구했고 지시에 따르지 않으면 군사적인 방어 조치를 취한다고 표명했다. 이에 대해 미국은 기존의 질서에 중국이 분명히 도전해 왔다고 경계심을 높였다. 2014년 5월과 6월에, 중국 전투기가 일본 자위대 전투기에 30미터 거리까지 접근하는 '니어미스'(nearmiss) 사건을 두 차례 일으켰다. 중국의 감시선은 2013년 10월부터 약 2주에 한 번꼴로 센카쿠열도의 영해에 침입하는 도발적인 행동을 계속해 왔다.

2013년 10월에 인도네시아 국회에서 연설한 시진핑은 "영토 주권과 해양 권익에 관한 중국과 일부 동남아시아 국가들 사이에 나타나는 불일치나 분쟁은 평화적으로 해결되어야 하며, 두 당사국 간의 연결이나 지역의 안정이라는 전체 이익의 실현을 위해서 대등한 입장에서 대화와 우호적인 협의를 통하여 적절하게 처리되어야 한다"고 했다. 그러나 한편으로는 2014년부터 하이난(海南) 성은 남중국해에서 조업하는 외국 어선은 성 당국의 허가를 받지 않으면 안 된다고 결정했다. 그리고 그해 5월에는 군함 몇 척을 포함한 80척의 선박이 보호하는 가운데 거대 석유 굴착 리그가 서사 군도 앞바다에서 굴착을 시작했고, 이에 항의하는 베트남 선박과 격렬한 충돌을 거듭했다.

부드러운 발언과 강경한 행동이라는 불일치 현상은 왜 생기는 것일까? 첫 번째 가설은 부문 간의 협조 부족이다. 우호적인 자세를 취하는 경향이 있는 외교부와 달리 중앙선전부는 강경한 대외 자세를 취할 때가 많다. 이에 더해, 최근 대외 정책의 새로운 주체로 등장한 군이나 석유 부문은 우선 행동에 옮기는 것으로 기존 사실화하거나 이익의 확보를 시도하는 경향이 있다. 응당 중앙국가안전위원회가 부문 간 협조 기능을 해야 하지만, 신설된 지 얼마 안 되어 아직은 순조롭게 운영되지 않는 모양이다.

두 번째 가설은 자아 인식이 부족하다. 즉 국력이 커진 중국은 자기중심적인 사고방식에 따라 '대국 증후군'에 걸려 자신의 언행 불일치를 처음부터 자각하지 못하고 있을 가능성이 있다. 예컨대, '주변 외교'라는 말은 자기 중심성을 당연한 전제로 하는 전형적인 표현이다. 시진핑의 연설에 자주 등장하는, "중화민족의 혈액에는 타국을 침략해 패권을 휘두르는 DNA는 없다"는 자아 인식도 타국의 관점에서 보면 자신을 객관적으로 볼 수 없다는 증거이다.

15세기 초, 대규모 함대를 인솔하여 수 차례나 동남아시아에서 아프리카까지 항해를 한 정화(鄭和)는, 후세 유럽 제국주의자들처럼 영토 점령이나 자원 강탈을 하지 않은 중국의 평화적인 해양 진출의 상징으로 알려지고 있다. 그러나 조공(朝貢) 질서를 거절한 실론 왕의 일족은 정화에게 사로잡혀 중국에 연행되었다. 스리랑카 국립박물관의 전시관에는 "우리들은 정화한테 침략당했다"고 적혀 있다.

세 번째는 확고한 정책 목표의 우선순위가 정리되지 않은 채 전부 동시에 추구됨으로써 언행이 불일치한다는 가설이다. 당면의 과제는, 심각한 의견의 불일치가 표출되는 당 내부를 통일하고 현실에 대한 불만과 장래에 대한 불안을 품고 있는 국민을 단결시키는 일이다. 이를 달성하기 위해서는 일본을 비롯한 이웃 나라와 분쟁을 벌이는 게 가장 빠르고 유효한 수단이다. 그러나 공산당 지배의 정통성을 유지하기 위해서라면 무엇보다도 평화와 번영이 필요하고, 또 이를 위해서는 일본을 비롯한 이웃 나라와 협력하는 것이 유용하고 필요하다.

국력이 신장함에 따라, 오늘날 중국에는 장기적인 목표로 동중국해와 남중국해, 나아가 태평양에서 지배적 지위의 확립을 바라는 사람이 늘어나고 있다. 이를 실현하기 위해서는 일본을 누르고 미국을 밀어낼 필요가 있다. 시진핑은 "태평양에는 중국과 미국 두 나라를 수용하기에 충분한 공간이 있다"고 되풀이하고 있지만, 이 발언은 '두 나라가 절반씩 세력권으로 재분배하면 좋지 않은가'라는 말로도 들린다.

정책 목표의 우선순위는 중국의 국내 상황에 따라 크게 좌우된다. 시진핑은 태자당의 지지 속에 왕치산 중앙규율검사위원회 서기를 오른팔로 삼고 독직 부패에 대한 단속을 단행했다. 2014년 상반기까지만 뇌물 수수로 입건된 사람이 2만5천 명이 넘었는데, 이는 전년 같은 기간에 견주어 5.4퍼센트 증가했다. 일반 국민들한테는 당 간부나 기업가가 독직 부패로 폭로되어 실각하거나 화려한 연회가 금지되는 것은 통쾌한 일이다. 하지만 부패를 방지하는 제도적인 개혁이 없는 한 단속이 약해지는 순간 원래대로 돌아가기 십상이다. 또한 부패의 단속이 권력투쟁과 연결되어 있는 만큼 철저하지 않으면 오히려 정치의 불안정을 초래할지도 모른다. 작심하고 단행한 '호랑이 퇴치'는 그야말로 호랑이 등에 올라탄 기세가 될 수도 있다.

경제개혁이 과연 어디까지 철저히 진행할 수 있을까? 국유기업 과점 부문에 민간기업의 참여를 허가한 것만으로는 불충분하지만, 봉건적 엘

리트주의를 구현한 것 같은 태자당이 과연 국유기업의 해체나 분배 제도의 개혁을 제대로 진행할 수 있을까? 정치개혁을 통해 혈통주의와 기득권을 해체하지 않고도 경제개혁이 관철될 수 있을까?

'붉은 2대'(紅二代)라고 불리는 태자당은 일반적으로 혁명의 이념을 중시하면서도 개발주의에 편승하여 경제를 활성화시키지 않으면 지배의 정통성을 잃는다는 점도 알고 있다. 보시라이가 충칭에서 실천한 바와 같이 경제의 개혁과 개방을 추진시키면서, 혁명 정신을 환기하여 사람들의 정서를 하나로 모아 놓은 점은 많은 태자당들의 이상이었을 것이다. 독점된 권력 아래에서 시장화를 진행한 결과, 사회 모순이 커졌고 개발주의만으로는 인심을 모일 수 없었다. '붉은 2대'는 혁명 회귀나 내셔널리즘을 국민 통합의 수단으로 이용하고 있는 것이다.

그러나 30여 년의 개발주의 정책을 통해 사회는 크게 변했다. 중국의 발전과 글로벌화는 상호 작용을 일으키고 있다. 대중 노선이나 정보 통제 같은 혁명 시대의 발상과 방식으로 인터넷 시대의 국민을 통치하는 데는 한계가 있다. 공산당의 통치 방법에 대한 국민들의 반감은 교회나 십자가가 파괴되고, 토지의 강제 수용이 강행될 때마다 강해져 간다. 경제성장 속도가 계속 느려지면, 언젠가 보수·국수주의와 개혁·국제주의의 줄다리기가 치열해질 것이다. 보편적 가치를 부정하는 시진핑은 현재는 전자를 후원하고 있는 것처럼 보이지만, '붉은 3대'는 아직 없고 표변하는 군자가 나타나지 않는다고는 장담할 수 없다.

맺음말

현재 중국의 변화는 빠르다. 대학에서 현대 중국에 관해 가르치고 있어도 주의하지 않으면 지난해, 지난달, 아니 어제 교실에서 강의했던 사정이 이미 변해 버린 것도 있다. 이 책의 교정을 완료하기 직전에 저우융캉이 입건되어 심사를 받는다는 신화사 뉴스가 들려 왔다.

집필에 즈음해서는 특히, 최근의 움직임에 대해서는 성급한 판단을 피하고 후세의 검증을 견딜 수 있는 서술에 유념을 했지만, 앞으로도 또 무슨 일이 일어날지 모른다. 우리가 아직 모르는 여러 가지 사실이 밝혀질 가능성도 있다. 현대 중국에 관하여 책을 쓰는 것은, 연구자로 말하면 실로 위험이 뒤따르는 작업이라고 말할 수 있다. 한정된 자료와 시간을 이용해 집필한 후에는 독자의 엄격한 비판을 기다릴 수 밖에 없다.

우리는 우선 각장에 관해 줄거리를 합의한 뒤에 마에다(前田)가 1장, 2장, 3장을 집필하고, 다카하라가 '머리말,' 4장, 5장, '맺음말'을 집필하여 마지막에 전체를 확인했다. 지면의 제한도 있었고 또 상당한 돌파 작업이었기에 언급해야 함에도 서술 못한 사항도 있지만, 그 책임은 다카하라에게 있다. 또 집필에 즈음하여 많은 선행 연구를 활용했다. 중국근현대사 전체 시리즈의 성격상, 주를 추가하여 출처를 기록 수 없었지만, 일부는 책 뒷부분에 참고문헌으로 적었다. 그러나 모두를 열거할 수 있었던 것도 아니니 이점에 대해서도 용서를 바라는 바이다.

마지막으로, 편집을 담당한 나가누마 고이치 씨의 인내심과 질타, 격려가 없었다면 이 책은 모자람이 많았을 것이다. 여기에 적어 감사의 말씀을 드리고 싶다.

2014년 7월

다카하라 아끼오 · 마에다 히로코

참고문헌

전체

岡部達味《中国近代化の政治経済学》PHP 研究所, 1989

国分良成·添谷芳秀·高原明生·川島真,《日中関係史》, 有斐閣アルマ, 2013

呉敬璉,《現代中国の経済改革》NTT出版 , 2007

毛里和子《現代中国政治(第3版)》名古屋大学出版会, 2012

1장

天児慧,《鄧小平―'富強中国'への摸索》, 岩波書店, 1996

家近亮子〈中国における階級概念の変遷―毛沢東から華国鋒へ〉(加茂具樹·飯田将
    史·神保謙 編著,《中国 改革開放 への転換―'一九七八年'を越慶えて》, 應義塾大学
    出版会, 2011)

于光遠《1978：我親歷的歷那次歷史大轉折：十二届三中全會的台前幕後》天地図書,
    2008

宇野重昭·小林弘二·矢吹晋,《現代中国の歴史 1949~1985―毛沢東時代から鄧小平時
    代へ》, 有斐閣選書, 1986

大島一二,《現代中国における農村工業化の展開―農村工業化と農村経済の変容》, 筑波
    書房??, 1993

高文謙(上村幸治 訳,《周恩来秘録(上·下)》, 文藝春秋 , 2007

国分良成,《現代中国の政治と官僚制》, 慶應義塾大学出版会, 2004

高原明生〈現代中国における一九七八年の画期性について〉(加茂ほか 編著, 前掲書)

中共中央文献研究室伝 編,《陣雲伝(上·下)》中央文献出版社, 2005

陳錦華(杉本孝 訳,《国事憶述―中国国家経済運営のキーパーソンが綴る現代中国の産
    業経済発展史》, 日中経済協会, 2007

鄭謙,《中国：従文革走向改革》人民出版社, 2008

矢吹晋,《毛沢東と周恩来》講談社??現代新書, 1991

Akio Takahara, *The Politics of Wage Policy in Post-revolutionary China*(Studies on the Chinese Economy), Palgrave Macmillan, 1992

2장

エズラ·F·ヴォーゲル(益尾知佐子, 杉本孝 訳)《現代中国の父 鄧小平(上·下)》, 日本
　　経済新聞出版社, 2013

駒形哲哉, 〈解放軍ビジネスと国防工業(軍民転換·軍民兼容)〉(村井友秀·阿部純一·浅野
　　亮·安田淳 編著, 《中国をめぐる安全保障》, MINERVA人文·社会科学叢書), ミネ
　　ルヴァ書房, 2007

下野寿子, 中国外資導入の政治過程—対外開放のキーストーン》, 法律文化社, 2008

内藤二郎, 〈財政体制改革の再検証と評価〉(中兼和津次 編著《改革開放以後の経済制
　　度·政策の変遷とその評価》NIHU 現代中国早稲田大学拠点 WICCS研究シリーズ
　　4), 早稲田大学現代中国研究所, 2011

長尾雄一郎·立川京一·塚本勝也戦, 〈冷戦終結後の軍事交流に関する研究〉, 防衛研究所
　　紀要, 第4巻 第3号, 2002

平松茂雄《中国軍現代化と国防経済》, 勁草書房, 2000

馬成三《現代中国の対外経済関係》, 明石書店, 2007

丸川知雄〈中国—直接投資導入政策の摸索過程〉(谷浦孝雄 編, 《アジアの工業化と直接
　　投資》, アジア工業化シリーズ 7), アジア経済研究所, 1989

三宅康之《中国·改革開放の政治経済学》(MINERVA 人文·社会科学叢書), ミネルヴァ
　　書房, 2006

3장

浅野亮, 〈軍事ドクトリンの変容」と展開〉(村井友秀ほか 編著, 前掲書)

江藤名保子, 《中国ナショナリズムのなかの日本—'愛国主義'の変容と歴史認識問題》
　　(現代中国地域研究叢書), 勁草書房, 2014

梶谷懐《現代中国の財政金融システム—グローバル化と中央–地方関係経の経済学》, 名
　　古屋大学出版会, 2011

呉敬璉·魏加寧, 〈東亜金融危機的影響, 啓示化對策〉改革, 1998年 第2期

清水美和, 《中国はなぜ'反日'になったか》, 文春新書, 2003

張厚義·劉平青, 〈私営企業主階層中的共産党員党〉四川党的建設(都市版), 2004年 1期

唐亮, 《現代中国の党政関係》, 慶應義塾大学出版会, 1997

平松茂雄, 《江沢民と中国軍》, 勁草書房, 1999

丸川知雄,〈中小公有企業の民営化: 四川省のケース〉, 中国研究月報, 第26号, 2000

三船恵美関,〈米台中關係の歴史と現状〉(天児慧浅野亮 編著,《中国・台・湾》世界政治叢書), ミネルヴァ書房 , 2008

山本勲,《中台関係史》, 藤原書店, 1999

李欣欣,〈従東亜金融危機看我国的金融隠患〉改革, 1998年 第3期

渡辺利夫・小島朋之・杜進・高原明生,《毛沢東, 鄧小平そして江沢民》, 東洋経済新聞社, 1999

4장

NHKスペシャル取材班《激流中国》, 講談社, 2008

興梠一郎,《中国激流 3億のゆくえ》, 岩波新書 , 2005

国分良成 編,《中国は, いま》, 岩波新書 , 2011

清水美和,《中国が'反日'を捨ぉてる日》, 講談社+α新書, 2006

清水美和,《'中国問題'の内幕》, ちくま新書, 2008

清水美和,《'中国問題'の核心》, ちくま新書, 2009

園田茂人,《不平等国家 中国》, 中公新書, 2008

高原明生 , 服部龍二 編《日中関係史 1972―2012　I 政治》, 東京大学出版会, 2012

津上俊哉,《岐路に立つ中国》日本経済新聞出版社, 2011

丸川知雄,《チャイニズ―ドリム―大衆資本主義が世界を変える》, ちくま新書, 2013

5장

朝日新聞中国総局,《紅の党 完全版》, 朝日文庫, 2013

興梠一郎,《中国 目覚めた民衆》, NHK出版新書 , 2013

吉岡桂子,《問答有用 中国改革派19人に聞く》, 岩波書店 , 2013

연 표

1971	9월 린뱌오(林彪) 사건. 10월 키신저 비밀 중국 방문. 유엔 가맹.
1972	2월 닉슨 대통령 중국 방문. 9월 다나카 총리 중국 방문. 중일공동성명.
1973	1월 43 방안 결정. 3월 덩샤오핑 정계 복귀. 국무원 부총리 취임.
1974	1월 장칭 등 '린뱌오와 공자와 맹자의 길' 발표.
1975	1월 덩샤오핑 중앙군사위원회 부주석 · 인민해방군 총참모장 · 당 부주석 · 정치국 상무위원 · 국무원 제1부총리 취임. 저우언라이 '네 가지 현대화' 다시 제기. 11월 《수호전》 비판.
1976	1월 저우언라이 타계. 4월 제1차 천안문 사건. 덩샤오핑 실각. 9월 마오쩌둥 타계. 10월 '4인방' 체포. 화궈펑 당주석 · 중앙군사위 주석 취임.
1977	7월 덩샤오핑 정계 복귀. 8월 제11차 당대회.
1978	2월 국민경제발전 10개년계획 요강. 4월 중국 어선 센카쿠열도 부근 영해 침범. 8월 중일평화우호조약 조인. 10월 덩샤오핑 방일. 11월 중앙공작회의. 12월 제11기3중전회.
1979	1월 미중 국교 정상화. 덩샤오핑 방미. 2월 중국-베트남 전쟁. 4월 미국 연방의회 타이완 관계법 채택.
1980	8월 자오쯔양 총리 취임.
1981	1월 바오산제철소 플랜트 계약 파기. 6월 후야오방 당주석 취임.
1982	5월 자오쯔양 방일. 7월 일본 역사교과서 문제. 8월 미중공동공문서. 9월 제12회 당대회. 후야오방 '독립자주 외교' 제기. 당주석제 폐지.
1983	2월 리개세 제도 도입. 9월 '외자이용 공작강화에 관한 지시'. 10월 정신오염 반대 운동. 11월 후야오방 방일.
1984	2월 덩샤오핑, 제1차 남방시찰. 10월 '경제체제 개혁에 관한 결정.'
1985	8월 나카소네 총리 야스쿠니신사 공식 참배.
1986	9월 정신문명 결의. 11월 나카소네 총리 중국 방문.
1987	1월 후야오방 실각. 10월 제13회 당대회. 자오쯔양 '사회주의 초급단계론,' '하나의 중심, 두 가지 기본점' 제창. 11월 자오쯔양 총서기 취임.
1988	1월 리덩후이 타이완 총통 취임.

1989	4월 후야오방 타계. 5월 고르바초프 서기장 중국 방문. 6월 제2차 천안문 사건. 자오쯔양 실각. 장쩌민 총서기 취임. 11월 장쩌민 중앙군사위원회 주석 취임. 12월 냉전 종결.
1990	9월 베이징아시안게임.
1991	4월 주룽지 부총리 취임. 8월 일본, 대중 경제제재 해제. 12월 소련 해체.
1992	1~2월 덩샤오핑 제2차 남방시찰. 2월 영해법 제정. 10월 제14차 당대회. '사회주의 시상경제 체제의 확립' 규정. 일본 천황 중국 방문.
1993	3월 장쩌민 국가주석 취임. 11월 '사회주의 시장경제 체제 확립의 약간 문제에 관한 중공 중앙의 결정'. 분세제 도입 결정.
1994	8월 애국주의교육실시강요.
1995	1월 장쩌민 대타이완 8항목 제안. 6월 리덩후이 미국 방문. 7월 중국 해군, 타이완 앞바다에서 미사일 발사 훈련.
1996	3월 타이완 총통 첫 직접선거. 4월 미일안보공동선언. 7월 중국 지하 핵실험 실시.
1997	2월 덩샤오핑 타계. 7월 아시아 금융위기. 홍콩 반환. 9월 제15차 당대회. 미일 방위협력을 위한 지침. 10월 장쩌민 미국 방문.
1998	3월 주룽지 총리 취임. 6월 클린턴 중국 방문. 11월 장쩌민 방일. 중일공동선언
1999	5월 베오그라드 중국대사관 폭격. 9월 제15기4중전회. 11월 아세안+3 한중일정상회담. 12월 마카오 반환.
2000	2월 장쩌민 '세 가지 대표론' 제시. 10월 주룽지 일본 방문.
2001	6월 상하이협력기구 설립. 7월 장쩌민, 사영 기업주 입당 용인. 8월 고이즈미 총리, 야스쿠니신사 참배. 12월 WTO 가맹.
2002	4월 고이즈미 총리, 야스쿠니 신사 참배. 5월 선양 일본총영사관 사건. 11월 제16차 당대회. 후진타오 총서기 취임. 장쩌민 중앙군사위 주석 유임.
2003	2월 SARS 유행. 3월 후진타오 국가주석 취임. 원자바오 총리 취임. 8월

	6자회담 개최. 10월 후진타오 '과학적 발전관' 제시.
2004	3월 오우쓰리 섬 상륙 사건. 9월 장쩌민 중앙군사위 주석 사임.
2005	3월 반국가분열법. 3~4월 각지에서 대규모 반일 시위. 4월 렌잔 국민당 주석 중국 방문. 5월 우이 부총리, 고이즈미 총리와 회담 취소. 9월 후진타오 '교화 세계' 연설.
2006	8월 중앙외사공작회의. 9월 천량위 해임. 10월 아베 총리 중국 방문.
2007	4월 원자바오 일본 방문. 10월 제17차 당대회. 시진핑과 리커창, 정치국 상무위원 취임.
2008	1월 일본 냉동만두 중독 사건. 3월 티베트 폭동. 시진핑 국가부주석 취임. 5월 후진타오 방일. 중일공동성명. 쓰촨 대지진. 6월 동중국해 개발에 관한 중일 합의. 8월 베이징올림픽. 9월 세계 금융위기. 유인 우주선 '선저우 7호' 발사 성공. 외환보유고 세계 1위 등극.
2009	6월 후진타오, 제1회 BRICs 정상회의 출석. 7월 우루무치 폭동. 11월 오바마 대통령 중국 방문.
2010	5~10월 상하이엑스포. 9월 센카쿠열도 어선충돌 사건. 12월 GDP 일본을 제치고 세계 2위 등극.
2011	7월 원저우에서 고속철도 추돌탈선 사고.
2012	2월 보시라이 사건. 9월 일본 정부, 센카쿠열도 국유화. 11월 제18차 당대회. 시진핑, 총서기 · 중앙군사위 주석 취임. '중국의 꿈' 연설.
2013	3월 시진핑, 국가주석 취임. 6월 시진핑 미국 방문. 미중정상회담. 11월 동중국해에 방공식별권 설정.
2014	3월 쿤밍 역에서 무차별 살상 사건. 5, 6월 중국군 전투기 자위대 전투기에 이상 접근. 7월 중공 중앙, 저우융캉 입건, 심사 결정.

옮긴이 후기

2015년 1월 KBS 특별기획 '슈퍼차이나' 7부작이 여러 방면에 걸쳐 오늘날 중국의 모습을 한국 사회에 소개했다. 약동하는 경제 발전을 바탕으로 점차 확대되고 있는 중국의 글로벌 존재감을 강조하는 것이 이 프로그램의 기본 메시지였다. 짧은 기간에 세계의 맹주로 다시 부상하는 역동적인 중국의 원동력은 개혁개방 정책 이후 본격 시동된 시장화와 공업화, 도시화, 정보화, 세계화 속에서 찾을 수 있다. 하지만 화려한 경제성장의 신화의 뒤에는 필연적인 발전의 대가도 치르고 있다.

개혁개방 이후 중국 연구가 맞닥뜨린 문제 가운데 하나가 바로 주체의 다양화 · 다원화라고 제기되지만, 중국에 관한 정보가 넘쳐나고 다양한 양상이 벌어지는 가운데에서도 연구자는 연구 대상의 변하지 않는 속성을 간과해서는 안 된다. 그 속성이 바로 중국의 권위주의 정치체제이고, 그 체제의 운영이다. 지금까지 고수하고 있는 이데올로기와 공산당의 절대적 우위 정치체제가 운영되는 기본 원리와 패턴은 중화인민공화국 건국 이래 오늘날까지 일관된다. 돌이켜 보면 오늘날 중국이 보여주는 모든 역동적인 모습뿐 아니라 문제가 발생하는 근본적인 원천은 바로 정치의 결단(계급투쟁에서 경제 건설로의 노선 변경)이었다. 이런 권의주의적인 시장경제의 발전은 한때 '중국 모델'(베이징 컨센서스)로까지 불리워, 오늘날 중국에서 공산당 체제가 살아남고 나아가 '워싱턴 컨센서스'에 필적하는 '중국의 길'에서 정당성의 한 기반으로도 주장된 적이 있다. 이 책은 정치체제 내부의 특수한 역학 속에서 개발주의로 향하는 중국 정치의 움직임을 현대사의 큰 흐름 속에서 살펴보고 있다.

개혁과 발전, 안정은 오늘날까지 30여 년 동안 중국 정치의 기본 테제가 되어 왔다고 볼 수 있다. "발전은 목표이고, 개혁은 원동력이며, 안정은 대전제이다!"라는 슬로건 아래 유기적으로 연결된 세 가지 테제를 둘러싸고 중국 정치는 움직여 왔다. 시대마다 상황에 따라 더 강조된 쪽이 있었지만, '개혁, 발전, 안정' 이 세 가지 가운데 어느 하나도 경솔하게 다루어진 적이 없다. 그리고 이런 중국 정치의 움직임의 근저에는 공산당의 영도와 사회주의, 개혁개방, 발전주의를 견지한다는 확고부동한 기본 원칙이 있었다. 이 책이 독자들한테 보여 주는 정치적 드라마가 바로 이데올로기의 해석, 마오쩌둥 사상의 해석을 둘러싼 정권 내부 여러 세력 간 권력투쟁을 동반하는 끝임 없는 노선 투쟁이고, 정치와 경제, 내정과 외교, 중앙과 지방, 그리고 당과 정부, 당과 군 등 여러 주체와 요소가 착종되면서 조심스럽게 개발주의가 시동되고 추진되는 과정이다.

한국 독자들한테 중국 개발주의 정치의 맥락을 잡아 준다는 의미에서 이 책의 출판은 의의가 크다. 물론 두 저자가 강조하듯이, 개혁개방 역사에 대한 중국 정부의 공식 해석과는 다른 해석을 제기하고, 중국 정치를 인식하는 관점과 결론을 제기한 데 의의가 있다는 점은 더 말할 필요도 없다. 앞서 나온 시리즈 중국근현대사 네 권과 달리 정치와 외교에 관한 내용에 비중을 많이 둔 데에는 두 저자가 정치학과 국제정치학 전문가라는 학술적인 배경과 관련이 깊다.

저자들이 이 책을 통해 제기한 문제 가운데 하나가 바로 앞으로 중국은 '어디로 갈 것인가?'이다. 물론 중국의 향방은 전 세계적인 관심사이기도 하다. 저자들이 제기한 문제의 답을 찾으려면 우선 경로의존(path-dependence)적인 발상과 사고방식을 타파할 필요가 있다고 옮긴이는 생각한다. 중국을 연구 대상으로 사회과학, 특히 정치학적인 관점으로 사고하려 할 때, 중국은 절호의 제재(題材)이기도 하다. 즉 유교의 문화적인 체질에 사회주의의 이념과 경험, 교훈도 동시에 갖고 있으며, 또한 지금은 자본주의 양상을 보여 주고 있는 중국은 최대의 발전도상국이라는 모습도 보여 주고 있다. 이런 다양성과 다원성, 다중성을 갖춘 중국은 새로운 가치와 방향을 만들 수 있는 잠재력을 품고 있는 국가라는 인식이 옮긴이의 관심과 문제의식의 근저에 자리하고 있다. 다시 말하면 중국을 이원론적인 이데올로기 분석의 틀로 이해하려는 작업은 한계에 부닥칠 수밖에 없다. 중국의 다원성을 이해를 하고 연구 대상으로서 잠재력을 발굴하려면 우선 기존 학술 체계의 패러다임 전환이 필요하다. 패러다임의 전환은 어쩌면 중국 연구자들한테 주어진 하나의 과제이기도 하다. 이런 탐구 과정이 바로 '지역연구'(Area Studies)와 정치학의 대화이고, 정치학에 대한 지역연구의 공헌으로 이어진다고 확신한다.

중국에서 태어나 자랐고 현재 일본에서 현대중국론을 전공하는 처지에서, 일본의 중국 연구를 한국 독자들한테 소개하는 것은 단순히 번역이라는 차원을 넘어서는 일이었다. 즉 중국에 대한 타자의 인식을 파악하고, 동시에 또 다른 타자의 인식을 형성하는 작업이었다. 타자를 인식하다는 것은 자아를 인식하는 것만큼 까다롭다. 한국어로 옮기는 과정에서 타자의 내면에서 타자가 인식하는 중국을 이해하고, 한편 타자의 입장에서 타자가 인식하려는 중국을 소개하는 데 주의를 기울였다. 하지만 그 과정에 타자와 자아가 부딪히는 경우(중국에 대한 옮긴이의 인식이 번역 문장으로 조금씩 표현되려 할 때)가 있었다. 특히 외교 현안에 관한 이해와 서술에서 이런 느낌을 많이 받았고, 한편으로는 옮긴이로서 표현의 제한성도 느꼈다. 말하자면 번역 작업에 몰두하는 과정은 타자의 인식을 이해하는 가운데 자아 인식이 성장하는 과정이었다.

과거 중국어와 일본어를 서로 번역하고 통역하는 일을 많이 해왔지만 이번 작업에서 옮긴이는 아주 특별하고 소중한 체험을 했다. 일본어를 한국어로 옮기면서, 옮긴이의 민족 정체성 근원인 '조선어'와 한국어의 다른 점(단순히 방언의 차이로 정리할 수 없는 차이)을 새삼 느꼈다. 어떤 표현이 더 정확한지 사색하는 과정은 나 자신의 문화 정체성을 찾는 과정이었고, 또한 귀착하는 과정이기도 했다. 여러 의미에서 나를 번역자로 추천한 두 저자와 작업을 의뢰한 삼천리 출판사에 감사의 뜻을 전하고 싶다.

2015년 3월 도쿄에서
오무송

찾아보기